風水と住まいの精霊開運法

私の風水は
住まいの精霊さん
からのメッセージ

風水＆住まいの精霊鑑定士
塩田久佳

太玄社

プロローグ

私は建築の仕事のかたわら、住まいの風水鑑定をして25年以上になります。昔からよくUFO目撃や心霊体験をするのですが、住まいの風水鑑定をしている時にも**住まいの精霊さん**の存在を感じることがよくあります。

風水鑑定の方法にはいろいろなやり方がありますが、私の場合は**住まいの精霊さん**とのコンタクトにより多くのメッセージをいただき、風水鑑定を行うことができました。

本書では精霊体験を含め、貴重な風水精霊開運法を紹介いたします。

執筆に当たっては、旧物部村の先生の「いざなぎ流祈祷（いざなぎ流神道）」の秘伝写本（『伊弉那岐流祭祀之法中心宝典』）が参考となりました。先生を含めた神霊や風水関係の先生方、いろいろな情報を教えてくれた**住まいの精霊さん**や宇宙の精霊に深く感謝します。

風水と住まいの精霊さん鑑定士
風水精霊設計研究所　２級建築士
塩田 久佳

目次

イラスト：塩田久佳

私が出会った住まいの精霊さん

精霊には、氏神社の精霊、自然界の精霊、そして宇宙の精霊などがあり、それらはオーラでつながって息づいています。**住まいの精霊さん**もいろいろな姿で現れます。

私には幼い頃からいろいろな精霊体験がありますが、自宅以外で出会って印象に残っている**住まいの精霊さん**を紹介したいと思います。

その1 桑畑での不思議な体験と住まいの精霊さん

私が覚えている一番初めの不思議な体験は、幼稚園の頃のことです。

昭和30年代の半ばだったと思います。故郷の高知市内を流れる鏡川の河川敷に、緑におおわ

れた草地に桑の木が均等に立ち並んだ桑畑が広々と広がっていました。

真夏の緑の香る草地でした。

雨上がりの午前中、友達と遊んでいて忘れてきた金属製の旅客機の玩具《おもちゃ》を1人で河川敷きに探しに行ったときのことです。

雨水で濡れた草地にまばゆい光が雨滴に当たり、桑畑の草地がおぼろげに少し浮かび上がって二重に見えました。とても不思議な光景で驚きました。

そこに、何ものかが動いています。

驚いて草地から走り出そうとしたとき、桑の木の陰から何か光るものが見え、「ちょっと待って！」と言う声が頭の中に響きました。

私は恐くなって慌てて桑畑から逃げ出し

ました。その時一瞬にして、それが桑の木を家として住んでいる桑の木の精霊だと感じました。

家に帰ると、家の中にも、桑畑で見たものと似たものの存在を感じました。それが**住まいの精霊さん**のオーブ(霊光玉《れいこうぎょく》)だったと思います。

その後、何度か桑畑に行きましたが、もう不思議な現象を見たり、精霊に会うことはありませんでした。

今は河川敷に桑畑はなく、広い芝生の公園になっています。

その2 米屋での住まいの精霊さん体験

昭和38年頃、高知市内の上町《かみまち》界隈で祖父が米屋を商っておりました。

四枚戸の木枠で作られた硝子戸を開けると、祖父が、木の箱に入れられたいろいろな価格のお米や五穀を四角いマスで量を計り、お客さんに売っていました。

モルタルの広い土間があり、お米を詰めた米袋がたくさん積み上げられていました。

幼稚園年長頃、ある秋の日に、私が久し振りに1人で米屋に泊まりに行ったときのことです。

新しい米袋が持ち込まれ、土間に山積みになっていました。

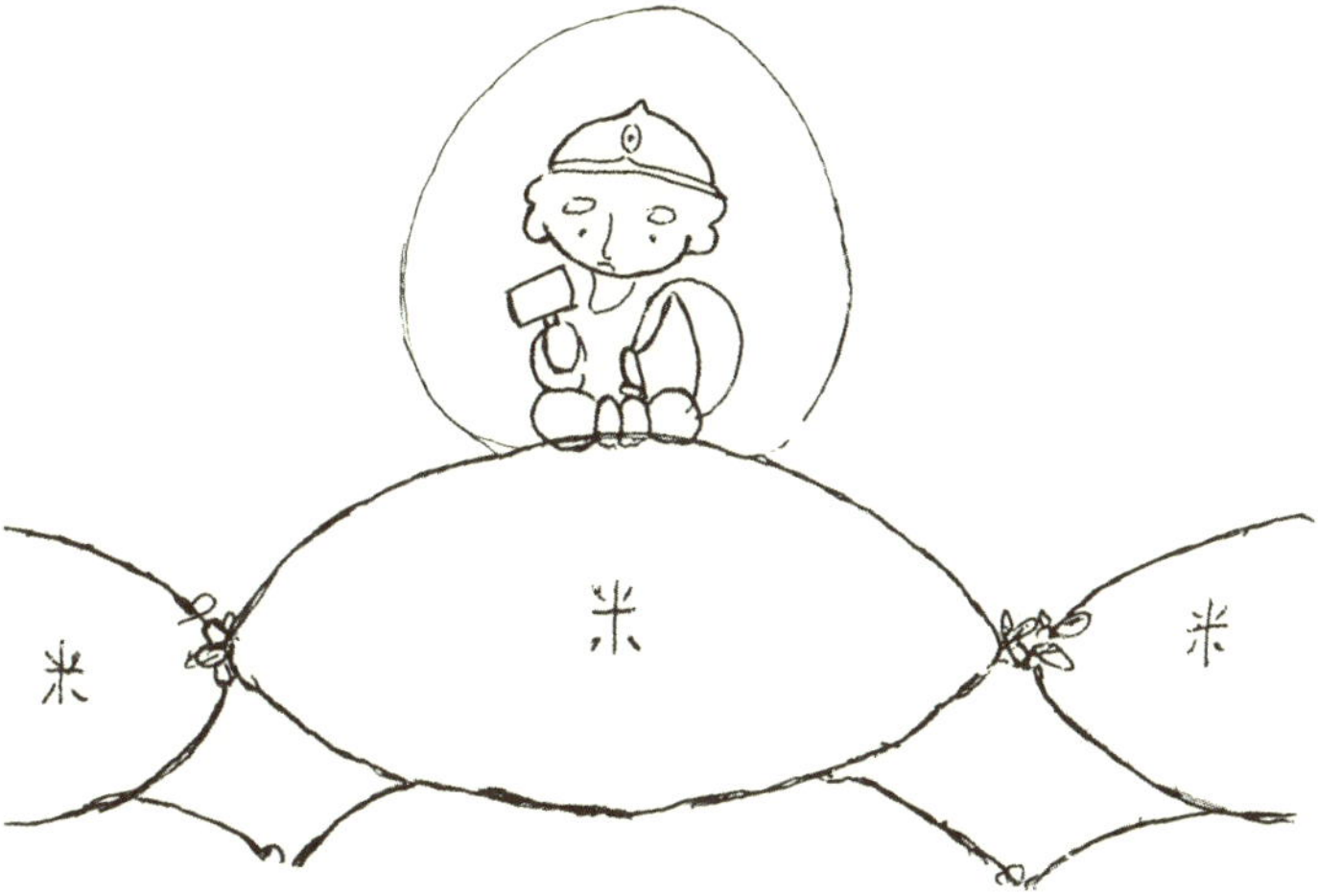

外はだいぶ暗くなっていて裸電球の照らす中、私は奥の居間に行こうと米袋の山を横目に土間を通ろうとしました。

その時のことです。

山積みにしたお米の袋の上に、大黒様に似た姿をした小さなお爺様が座っていて、私に話しかけてきました。お爺様はお米の大切さを話してくれたと思います。

私はすぐに祖父に話して、祖母と3人で見に行きましたが、米袋の上からお爺様は消え、何もいなくなっていました。

次の日の朝、もう一度調べましたが、土間に人が出入りした形跡はありませんでした。祖父母宅の米袋に住む**住まいの精霊さん**だったと思っています。

その3 家具屋さんでの住まいの精霊さん体験

建築設計事務所に勤めていた1990年の秋の頃です。

高知市内から少し南の方にある家具屋さんで建物の検査があり、そこで不思議な体験をしました。

検査の前に建物の図面を見ると、1階は駐車場で、2階の入口から家具を展示販売していて真っ直ぐに行った突き当たりが勝手口（裏玄関）でした。「これは、風水的に悪い！」と思いました。なぜなら、玄関から入った「気」は、すぐに突き当たりの勝手口から出て行き、金運や財運を失う怖れのある「気」の流れとなるからです。

しかし、聞くところによると、その家具屋さんは、とても繁盛しており、客数も多く賑《にぎ》やかとのことです。

まだ客足の少ない午前中、私はその図面を持って家具屋さんを訪れました。鉄骨で建てられたモダンな倉庫に似た建物でした。

私が家具屋の**住まいの精霊さん**を見たのはその時でした。

2階の戸を開けた真っ直ぐ突き当たり、その前に、大きな木を横に切った1メートルもある

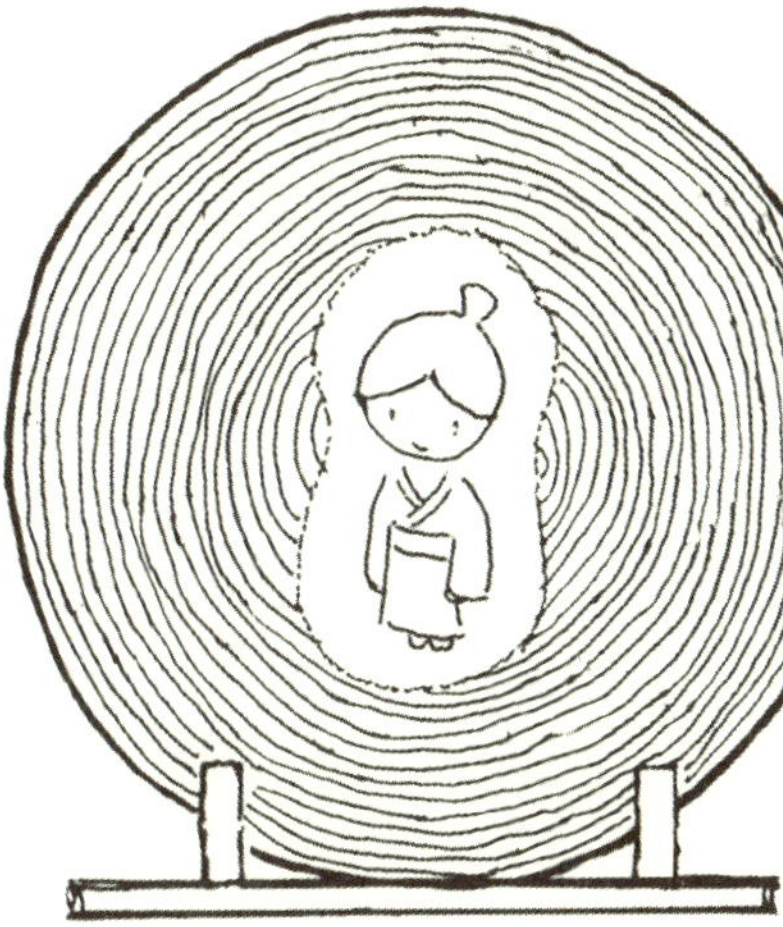

丸い切り株が飾ってあり、その切り株の中心に黄緑色の半透明のオーブ（霊光玉《れいこうぎょく》）が浮いていました。

黄緑色のオーブは少しずつ**住まいの精霊さん**の姿となりました。近づいて行くと、その姿はだんだん薄くなり、スーッと消えていなくなってしまいました。

周囲には人はおらず、声をかける人もなく、私はその場にたたずんで丸い切り株を見つめていました。

きっとそれは切り株に住む精霊で、風水の財運に悪い「気」の流れを止め、家具屋さんの財運を上げているのでした。

財運に悪い「気」を止め、幸運や財運に導く、そんな**住まいの精霊さん**だったと思います。

その4 国際交流会の先生宅での住まいの精霊さん体験

高知市内を流れる鏡川《かがみ》沿いの小町に、国際文化交流をするＧ先生がいました。お歳《とし》をめした先生で、特にインドネシアの方と交流をしていました。

私が先生のお宅で不思議な体験をしたのは、１９９７年７月、セミの鳴く、少し涼しい夏の日のことでした。

近くの会館で行ったバザーの後、先生宅でバザーの残りの片付けをしていました。木戸を開けると油絵具の臭《にお》いのする先生のアトリエで、焦《こ》げ茶けたアンティークな広い机の上にはいつも油絵作品と道具が置かれていました。

アトリエの壁をへだててインドネシアの品が置いてある倉庫があり、バザーの品を含めてインドネシア産の布地や木工で作られた小鳥や人形などの工芸品が所狭しと置いてありました。

私は友人と２人で少し薄暗い中でバザーの残りを片付けていました。

片付けを終えようとした時、木の工芸品の箱を見ると、箱の上に乗せた布地の上に緑茶色の半透明のオーブ（霊光玉《れいこうぎょく》）が浮いているのを見ました。私は、先生宅の住まいの精霊さんだと感じました。

そのオーブは精霊の姿を見せたかと思うと、すぐに私の目前から消えて行きました。少しの時間の不思議な出来事だったので、私は友人を呼ぶこともなく、バザーの品の片付けを続けました。

その夜のことです。私はとてもリアルな美しい田園の風景の夢を見ました。そこはインドネシアの緑の山に囲まれた美しい田園で、多くの村人が働いていました。その風景の中で、いくつもの目を持つ緑色の卵形の大きな精霊と共に、村人が仲良く一緒に土を固めて田園に水を引く側溝を作っていました。そこでは稲が実り、時間もゆるやかで、夢でありながら田園の香りがするのを感じました。

目が覚めた時も、田園の香りが部屋一杯

にただよっていたのを今でも覚えています。

その5 お蕎麦屋さんでの住まいの精霊さん体験

広島県三次市に、**住まいの精霊さん**が現れるとされる人気のお蕎麦屋さんがありました。

春夏秋冬いつ行っても美味しい手打ち蕎麦を味わえる素敵な蕎麦屋さんです。

古い古民家を、古風さを壊さずに綺麗に手を入れて改装した、風情のある建物です。

私が広島に移り住んで9年になる2008年8月の中旬の頃です。

風水の鑑定を兼ねて私と友人とでこのお蕎麦屋さんに行き、女将さんに挨拶した後、鑑定をしました。

鑑定の終わる頃、女将さんが、この家に住んでいる**住まいの精霊さん**の話をしてくれました。

お蕎麦屋さんの古民家には、3人の**住まいの精霊さん**がおり、その内2人は童子さんの姿で、もう1人はお爺さんの姿をしているそうです。

私が鑑定中にわかったのは2人の童子さんです。

1人は男の子で蕎麦粉を置いてある土間と麺を打っている製麺所を行ったり来たりしている

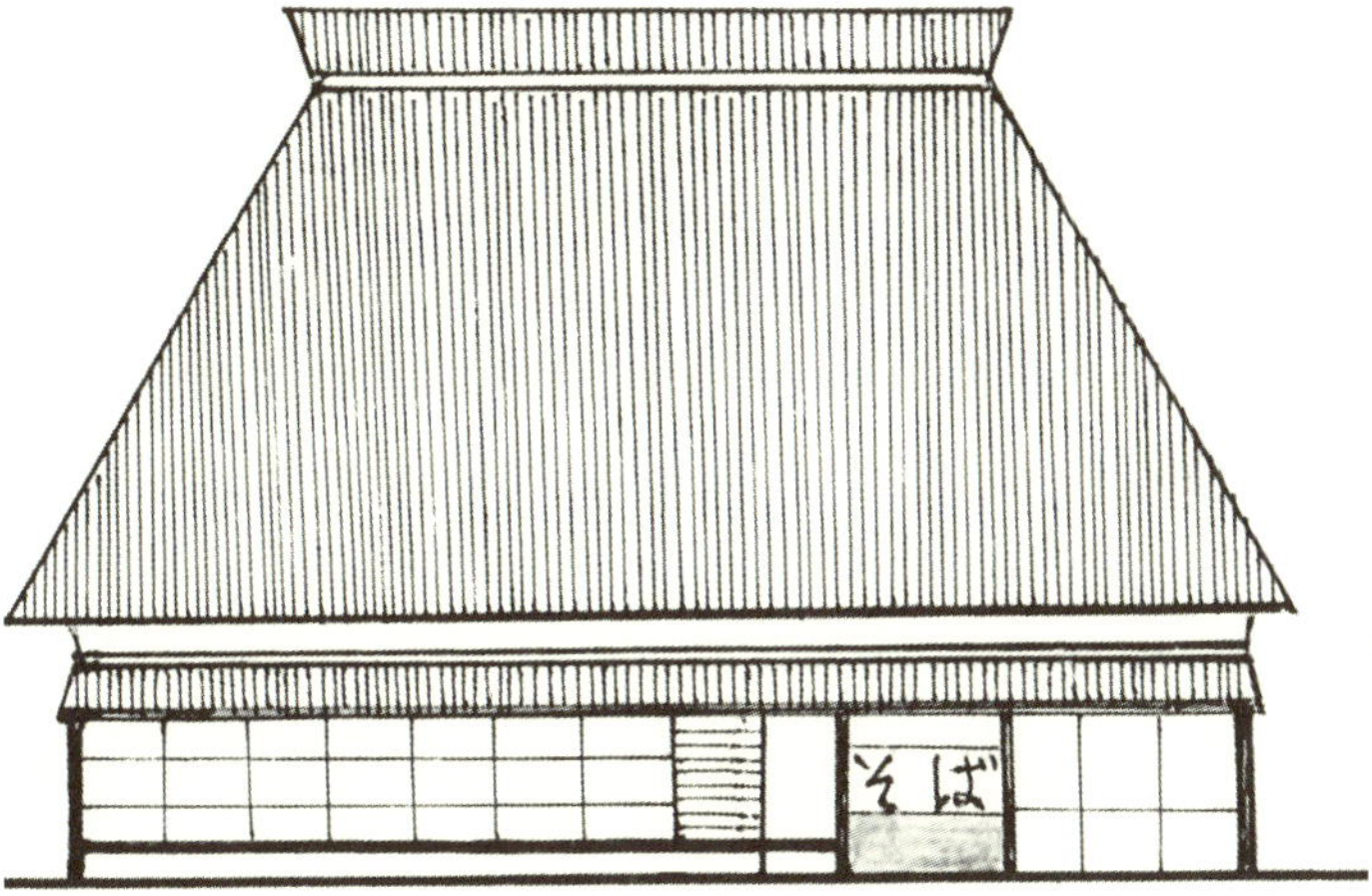

感じでした。

もう１人は女の子の姿で、鑑定と風水調整を終えようとした時、玄関近くの和室でにこやかに笑顔で私を見詰めていました。

他のお客様からは見えず、たいへん霊的な存在でした。

私は数日後、女の子の**住まいの精霊さん**を絵にして、お蕎麦屋さんの女将さんにプレゼントしました。

そのお蕎麦屋さんでは、スピリチュアル関係の好きな人が集う催しがよく行われ、関連した本やグッズも販売しています。

今も人知れず陰ながら、住まいの幸運の精霊である**住まいの精霊さん**は、お蕎麦の精霊として、訪れるお客様に開運と幸運を与えている感じがします。

住まいの精霊さんからのメッセージについて

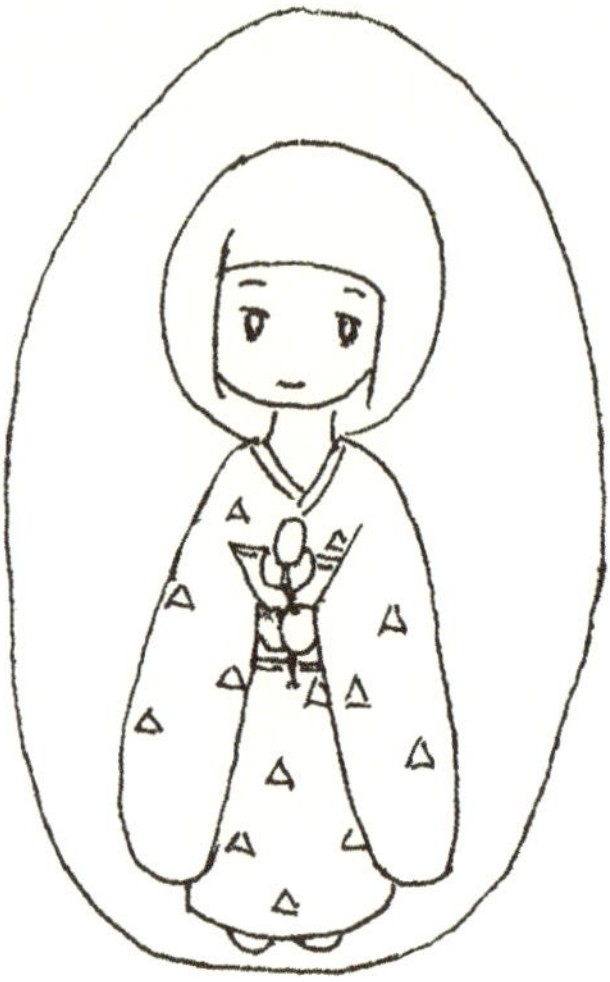

住まいの精霊さんは、以前から、私が眠る直前や目覚める直後にオーブ（霊光玉《れいこうぎょく》）の姿で室内に現れました。

オーブを見ると、風水や霊的なことなどがビジョンのメッセージとしてひらめくように頭に浮かび、時として、五感に働きかける時があります。

住まいの精霊さんは、オーラの輝く、部屋内の存在です。

住まいの風水鑑定をした後、部屋の旺気の立つ所にオーブを感じます。何か精霊界のゲートがあるようにも感じます。

部屋の風水鑑定前は、オーブが現れる時

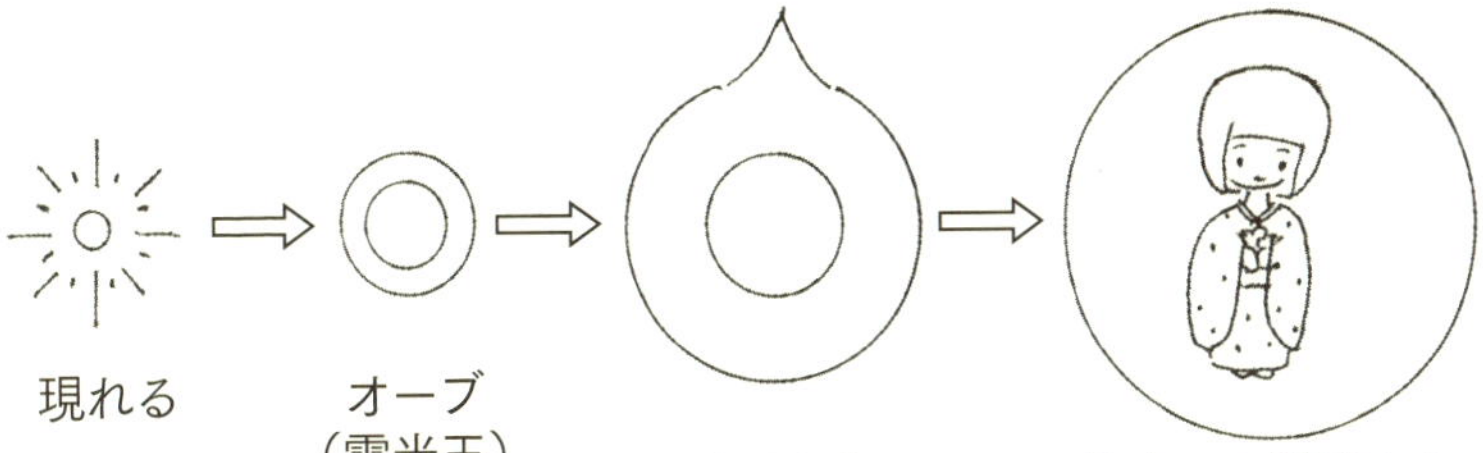
（霊光玉）
オーブが変化して、
の姿になります

に感じるだけですが、風水調整で部屋内の「気」が鮮明になると、**住まいの精霊さん**本体が現れやすくなります。

そして、具体的な開運や幸運を問い掛けると、時としてオーブの姿から**住まいの精霊さん**の姿となり、開運や幸福をメッセージにのせて伝えてくれるのです。

久し振りにオーブから**住まいの精霊さん**の姿を見たのは、２０１３年７月12日朝、日本の霊的な四季を感じたときのことでした。私がこうした四季を感じるとき、**住まいの精霊さん**は答するかのようにオーブから童子の姿となって私の前に現れます。

日本は４つの季節がはっきりしていて、日本人はお祭りを通して「春・夏・秋・冬」

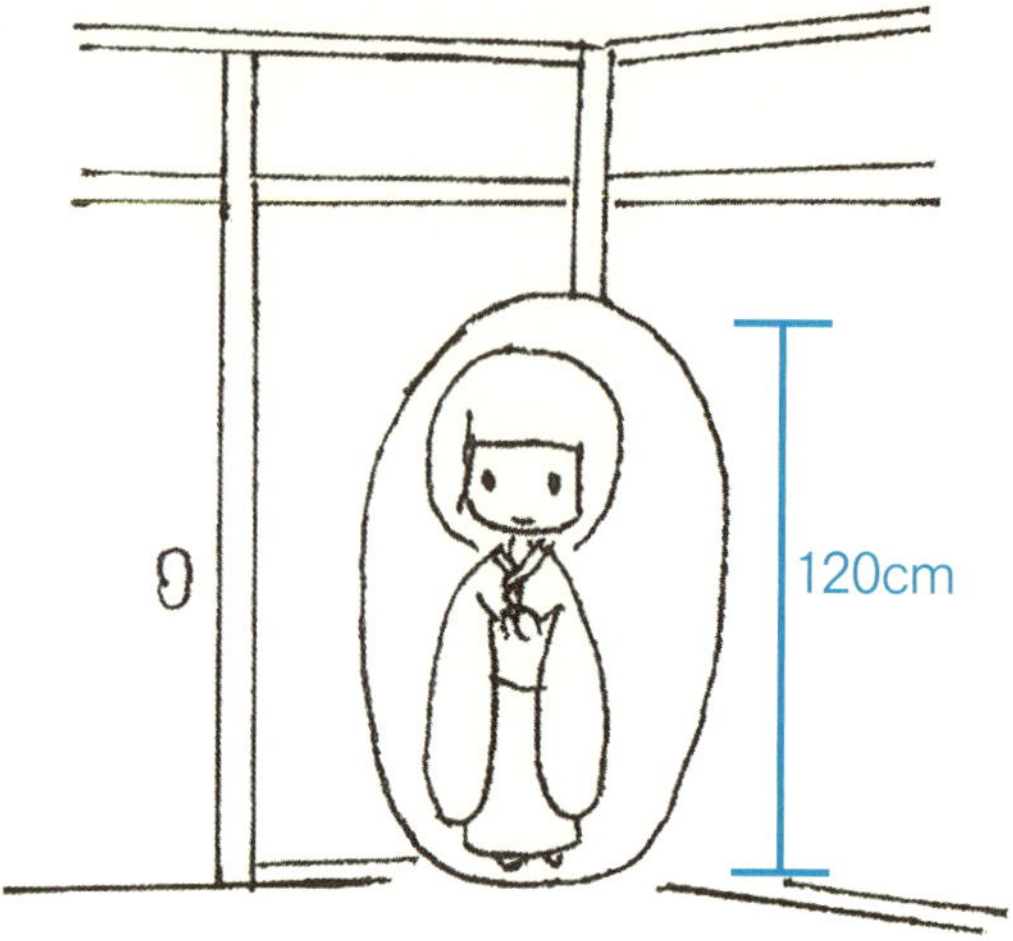

を大切にしています。その四季の世界に精霊が住んでいると感じているのです。

日本の四季を参考にした日本風水「家相」は、そこから来ていると思います。

高知県の「いざなぎ流祈祷」は特に四季の精霊を信じ大切にお祭りしています。

住まいの精霊さんは霊的な存在で、お住まいの家や部屋、食べ物は穀物などと深い関係があるようです。

私たちのいる世界とは違った次元にいるようで、家や食べ物など身近で大切な物がベース(居場所)になっている感じです。

部屋の「気」の流れが**住まいの精霊さん**に深く関係していて、「気」の流れが悪いと、お住まいの方に開運や幸運のメッセージを伝えにくいようです。

そうしたことから、私はお部屋の風水調整で「気」の流れを調え、その後、**住まいの精霊さん**を鑑定しています。

どのお住まいにも**住まいの精霊さん**がいて、人知れず見えない世界から、お住まいの方に開運や幸運のメッセージを伝えているのだと感じています。

オーブ（霊光玉《れいこうぎょく》）や**住まいの精霊さん**の姿を写真で掲載できませんでしたが、その分、**住まいの精霊さん**から教えてもらった良い開運法をたくさん収めましたので、お役に立てていただければと思っております。

住まいの精霊さんからのメッセージ

マークについて

本書作成に当たって、住まいの精霊さんが送ってくれたメッセージにはマークをつけました。精霊の姿を目撃したときのものは年月日を入れて紹介します。

山や森の発光現象について

中学の頃、窓を開けると山々が見え、夕方や夜、高知の里の近くの山や森の発光現象を見たことがあります。

住まいの精霊さんからのメッセージ

1990年の夏の頃
パワースポットと言われる神社では、巫女たちが天の宇宙の精霊たちと祭事をしました。祭事の時は、天空で宇宙の精霊とのゲートが開き、彩雲や日輪によって絵などが現れることがあります。この現象は、精霊とその土地にあるクリスタル質の土が関係します。

この現象を見た日、夢で宇宙の精霊からメッセージが届くこともあります。龍穴（49ページ参照）にある神社や細かいクリスタル質の土を含む土地にある山や森には、精霊のオーラが強く出ることがあります。

第１部

住まいの風水鑑定と住まいの精霊さん

1 あなたのお宅にも住まいの精霊さん

住まいの精霊さんは、「気」の流れる部屋のオーラの空間に住んでいます。霊的な存在にも感じられますが、それは昔から今も変わらない存在です。

鎮守の小社を宅の敷地内に造ったり、住まいに神棚を造ったりするのは、昔からいろいろな思いがあると思います。鎮守や神棚をお祭りすることは、昔からのそのお家の守護を祈る**住まいの精霊さん**との絆が背景にあると思います。建物は構造の種類によってオーラの輝きが変わってくることがあります。また、宅内の各部屋の種類によっても**住まいの精霊さん**の開運の種類が変わってきます。

日本の家相開運風水は、「鬼門・裏鬼門」を重視しますが、それは日本独特の四季が関係していると思います。その背景には、「春・夏・秋・冬」の四季の精霊の働きがあります。

私の**住まいの精霊さん**との体験で感じたことですが、**住まいの精霊さん**が現れる原点は、四季や陰陽五行の風水の流れる「気」が関係しています。精霊の信仰や行事のひとつとして、高知県の旧物部村（現香美市）の「いざなぎ流祈祷」があり、日本の精霊の開運の祈りと神智学が関係しています。自然霊や**住まいの精霊さん**を深く思い信じるスピリチュアルの行事です。そこでお祭りする五穀は、現界と霊界（異界）とつなぐ大切なお供え品です。

五穀と陰陽五行は精霊にとって欠かせないもので、それは**住まいの精霊さん**と氏神社の精霊、宇宙の精霊とつなぐ品でもあります。風水などいろいろな開運現象と深く関係しています。同じく陰陽五行も開運の背景にいろいろ内在しています。

「気」の流れと風水鑑定と住まいの精霊さん

私が**住まいの精霊さん**を感じるのは、そのお家で風水鑑定を行った後のことです。

住まいの精霊さんは、もともとはオーブ（霊光玉《れいこうぎょく》）ですが、見た人がメッセージを理解できるように個性ある姿を現します。だいたいどこのお宅にもいると感じます。

また、「気」の流れは**住まいの精霊さん**と深い関係があり、住まいの気質や「気」の流れが悪いとメッセージも届きにくく、住む人を開運に導く力も出にくいようです。住まいや部屋の「気」の流れが良いと**住まいの精霊さん**もいやすく、良い「気」の流れによって住まいのオーラが変わると住む人のオーラも良いほうに変わります。

住まいの「気」の流れと風水については、風水を初めて世に伝えた風水師・郭璞《かくはく》の古文献『葬書《ソウショ》』に記述があります。

「気は風に乗《じょう》ずれば散《さん》じ、
水に界《へだ》てられれば即《すなわ》ち止《とど》まる
古人《こじん》はこれを聚《あつ》めて散ぜしめず
これを行いて止めるあり。
ゆえに、これを風水という」

「風水」＝「風と水」の捉え方は風水師によって違いますが、私としてはこの古文書を、「気」の流れによって読みました。そして、宅内に流れている「気」は「風」と「水」でコントロールできるものだと考えました。「風」は部屋にある悪い「気」を散らし、「水」は部屋の良い「気」が流れてしまわないように止めます。悪い「気」のある部屋は換気を良くして悪い「気」を散らし、部屋で良い「気」のある所は水槽や水の入った器を置いて良い「気」を止めるようにします。

住まいの精霊さんは、部屋の空間の「気」の中におり、常に良い「気」を希望しています。

住まいの精霊さんと建物

●風水と建築法規

建築基準法では、建物の「採光、排煙、換気」を必ず計算しています。それは、風水とも関係しており、その計算によって屋内の気の流れも最適に保たれています。

もし、増築や改築をして気の流れがおかしいときは、「採光、排煙、換気」の計算を再度することをお勧めします。

風水の算定は、その計算に加え、複雑な気の流れを計算します。時に「風水羅盤や風水巻き尺」を使用して気の流れを見て、住む人の開運や幸運も算定します。

風水では大まかに、「巒頭派《らんとうは》＝見た目による景観的なもの」と「理気派《りきは》＝計算による気の算定によるもの」の2つの派があり、「採光、排煙、換気」の計算は「理気派」になります。

風水の分野から見た場合、風水の種類にも3つあり、「自然風水」「陽宅風水＝家相」「陰宅＝碁相」です。

私の風水、**住まいの精霊さん**は、おもに「陽宅風水」の算定や霊透視によるもので、本書は「陽宅風水」を中心に解説していきます。

●住まいの精霊さんと古い日本家屋

昔から、物が年数を重ねて古くなると霊が宿るという言い伝えがあります。

住まいの精霊さんはどこのお宅にもいますが、古風な家屋には住む人の気持ちや念がこもり、宅内での度重なる年中行事で家屋のオーラが変わり、**住まいの精霊さん**の住みやすい家と変わっていくようです。

風水調整でわかったことですが、住まい（家）の開運、住まいのオーラは気の流れによって変わり、また、住む人の念も関係しています。

住む人の開運を順に言いますと、宅内の気の流れが変わり→家のオーラが変わり→住む人の運命が変わり→開運へとつながるという流れです。

こうして住む人の気持ちや念も明るいほうへ変わって行きます。

住まいの精霊さんと五感への知らせ

私の体験では、**住まいの精霊さん**からのメッセージは人の五感に動きかけるときがよくあります。

「五感への知らせ」とは、

耳＝鈴の音色や小鳥の声やラップ音、時として子供の声などがします。
鼻＝花や木やお菓子などの甘い香りなどがします。
口＝甘いお菓子のような味がします。
体＝癒やし的な暖かさを感じます。
目＝目覚めの時や眠る寸前に**住まいの精霊さん**を見るときがあります。
住まいの精霊さんに会いやすいのは霊感のある人で、敷地内に霊木や鎮守（祠）の小社があるときなどに出やすいです。

鎮守と住まいの精霊さん

岩手県二戸市に座敷童子が出ると伝わる「緑風荘」という旅館がありました。

そこの「槐（エンジュ）の間」で座敷童子を見ると幸運になると言われ、現に見た人は幸運になったと伝えられています。

しかし残念なことに、２００９年10月４日、「緑風荘」はボイラー室からの出火と言われる火事で消失してしまいました。

火事の中、建物から１人の子供が飛び出して、敷地内の亀麿《かめまろ》神社（わらし神社）に消えたそうです。座敷童子は亀麿神社の精霊でした。

「緑風荘」は現在再建中ですが、座敷童子は焼け残った亀麿神社で大切に祀られ、人々から愛され続けてきました。私は座敷童子は**住まいの精霊さん**だと思っています。

敷地内の鎮守様はそのお宅に幸運や開運を招くとされています。

自宅の敷地内に鎮守や小神社があると、**住まいの精霊さん**に出会う可能性が高くなると思います。

●鎮守様を敷地内で祀るときの方位と場

●「巽《たつみ》＝南東」の方位に鎮守の祠《ほこら》を建てるときは、「乾《いぬい》＝北西」の向きに構《かま》えて置くのが吉とされます。また、南向きも良いです。

●「乾《いぬい》＝北西」の方位に鎮守の祠を建てるときは、「巽《たつみ》＝東南」の向きか、または南向きに構えて置くのが良いです。

なお、「鬼門＝北東」と「裏鬼門＝南西」は避けたほうが良いとされます。

参考文献：『図解　家相の見方と直し方』（小橋正則、正文社書房）

家の住まいの精霊さんと神社のつながり

住まいの精霊さんからのメッセージ

２００３年１月３日（朝）

住まいの精霊は、近くの氏神社やそれ以外の**神社の精霊**、季節の**四季の精**霊など家の外部にある精霊とつながる時があります。

「家内の精霊（神棚）」「氏神社（氏神様）」「一の宮神社（一宮神様）」「伊勢神宮や出雲大社の大神様」のつながりが、神社の霊気系のつながりです。

すべての神社は私たちの**住まいの精霊さん**とつながっていて、自分のご先祖様が通っていた神社は私たちと霊的歴史が深く、そこは子孫への開運や幸運に導く神霊気があります。

※96ページに風水で霊的な気の流れを鑑定する「十二支輔星卦気流法」を掲載しました。

2 家の中の住まいの精霊さん

住まいの精霊さんからのメッセージ

2014年2月9日(朝)

住まいを風水鑑定して、室内を風水調整すると、**住まいの精霊**は働きやすくなります。室内の気が良いほうに流れ、住まいの人を開運や幸運に導きます。家や住まいのオーラが綺麗に明るく変わり、「神気の立つ住まい」になります。

家内の精霊・各室の精霊と開運

住まいの精霊さん鑑定でわかったことです。

玄関の精霊

玄関は気の入口とされています。外と内の境目で、室内のオーラと外気のオーラの境目でもあり、室内のオーラが強ければ玄関から悪い霊が室内へ入って来られません。

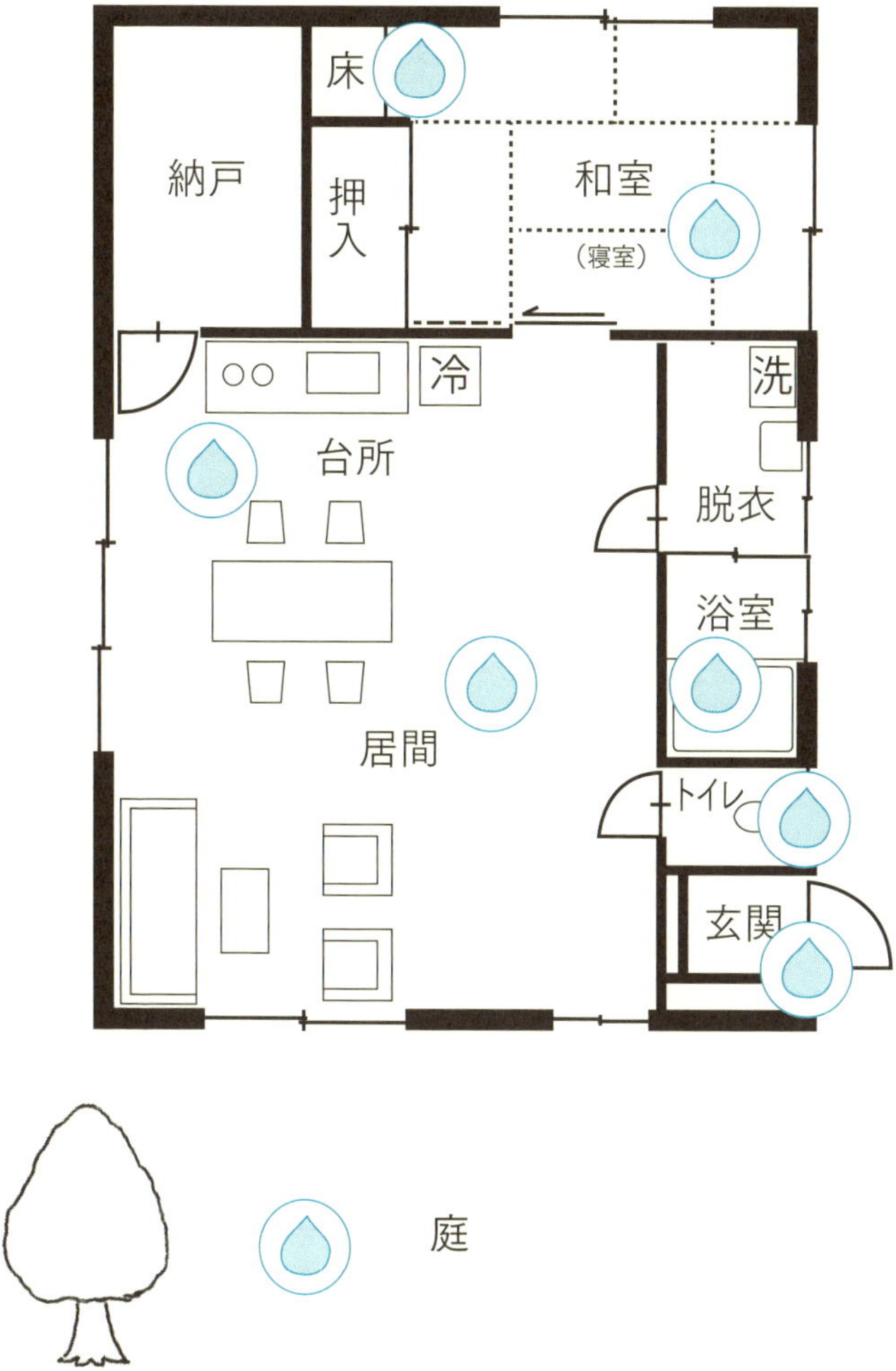
床
納戸
押入
和室
（寝室）
冷
洗
台所
脱衣
浴室
居間
トイレ
玄関
庭

霊感の優れた人は、鍵穴から外を覗き視ることとで、どのような霊がいるのか判断することができ、昔の家だと雨戸の少し空いた穴などから霊を視ることができます。

居間の精霊と年中行事

居間は家族が集まる所でもあり、幸運を司《つかさど》る大切な場所でもあります。時に**住まいの精霊さん**も、人知れず家族に見えない形でオーブ（霊光玉《れいこうぎょく》）で現れ、家族を見守っている感じです。特に正月や桃の節句等の行事には、住まいの人たちと一緒に、目に見えない透明の形でそっと行事に参加しています。

床の間と霊の気線

床の間は異界とつながりやすい所とされています。床の間に飾る品によって関係する霊と気線がつながる時があるそうで、床の間には住む方の開運や幸運に関係した品を飾ると良いです。

台所の精霊と五穀の精霊

台所で作る食べ物は、時に精霊が宿るとされます。食べ物は体を健康にする薬とも言われ、特に行事で使う五穀を使った食べ物は霊通《れいつう》とされ大切に扱われました。

また、昔から釜戸《かまど》や流しには神が住むとも言われ、釜戸や流しの神様をお祭りする風習が残っている地域もあります。台所＝精霊の来る食べ物の錬金術の場でもあります。

寝室の精霊

スピリチュアル世界の話の中で、睡眠の時、夢界は霊界とつながる時があり、正夢、予知夢もそこから来ている時があります。霊能力のある人は睡眠の時に幽体離脱の現象が起こり、時として他所の世界や前世も視ることがあります。

トイレの精霊・女神様

古来日本の言い伝えで、トイレには目の見えない美しい女神様が2柱いるとされています。

弥都波能売神（みずはのめのかみ）

植安姫神（はにやすひめかみ）

風水では、トイレは金運と美運を司ります。

「いざなぎ流祈祷」にトイレの開運おまじないの秘技《ひぎ》がありましたのでご紹介します。（ただし、今はトイレの形式がちがうので注意です）

●便所の神様を上げるおまじない

呪文……天竺の三原の塔へ祓い上給へ（てんじくのみはらのとうへはらいあげたまえ）

秘技……家から乾《いぬい》（西北）の方の土を取り来て便所に入れる。

浴室の精霊

浴室は体を清める所で、精霊は湯煙《ゆけむり》の中から来る時があります。人には見えないオーブの形です。浴室を綺麗にしておくことで、家族や異性への愛情面を精霊から助けてもらえる時があります。

庭の精霊木

古来日本の言い伝えで、庭の霊木には、精霊の宿る木や、悪い霊からの御守りになる木があります。

桜＝桜の霊には女の子の霊が宿る時があります。妖精霊の感じです。

桃＝桃の霊は3月の花咲く頃、女の子のお節句の行事には、人には見えずに、そっと現れる時があります。いざなぎの神様といざなみの女神様が喧嘩をしたとき、菊理姫神様が現れ、2柱の神様を仲良くさせ、桃でヤミ(＝闇夜《やみ》)の悪を祓《はら》いました。

菜種＝菜種は「難を転ずる」と縁起《えんぎ》が良いとされ、お祓いの時に用いることがあります。

竹＝竹は数十年に一度しか花が咲かず、それで一生を終えてしまう不思議な木です。念を散らす効果があり、人が溜まり念が滞る場所に植えると良いです。

柊《ひいらぎ》＝昔から、柊は悪霊から結界を張り、私たちを守るとされています。よく木の塀などの代わりに柊を植えて使用することがあります。西洋では、リースに飾りとして付け、悪魔よけとして活用しています。

住まいの精霊さんと風水による神棚の開運法

神棚は、近くの氏神社などに気線がつながる時があります。また、別の神様のお札をお祀りする時も、同じように気線がつながる時があります。

時として住まいの精霊さんは、神棚を通して現れる時があり、人知れず私たちに開運メッセージを送る時があります。

日本古来からの伝承で神棚を飾るには、

西側で東向き
東側で西向き
西北側で東南向き
北側で南向き

が良い方位となります。

3 鬼門の秘話と陰陽五行

鬼門と陰陽学と四季

昔から日本家相や日本の風水の伝承では、家にとって、鬼門＝東北と、裏鬼門＝西南は、家相でみると最悪の方位とされています。伝説では、日本の屋敷の鬼門所で鬼に出会ったとか、百鬼夜行に出会ったとか、不可思議な現象の数々が残っています。そこには鬼封《おにふう》じの石仏など置き、お札を貼って鬼門封じをしたそうです。

また、古来から都市や町を鬼から守るため、都市などや町・村の鬼門の方位に鬼門封じの神社を建設した所も多くあります。日本家屋の家相では、鬼門から悪い鬼が家に来て悪さをするとされ、家相的には、鬼門＝東北や裏鬼門＝西南方位は、水回りや不純な物がある浴室、トイレ、台所などを設けないほうが良いとされます。

【A図】四季と五行

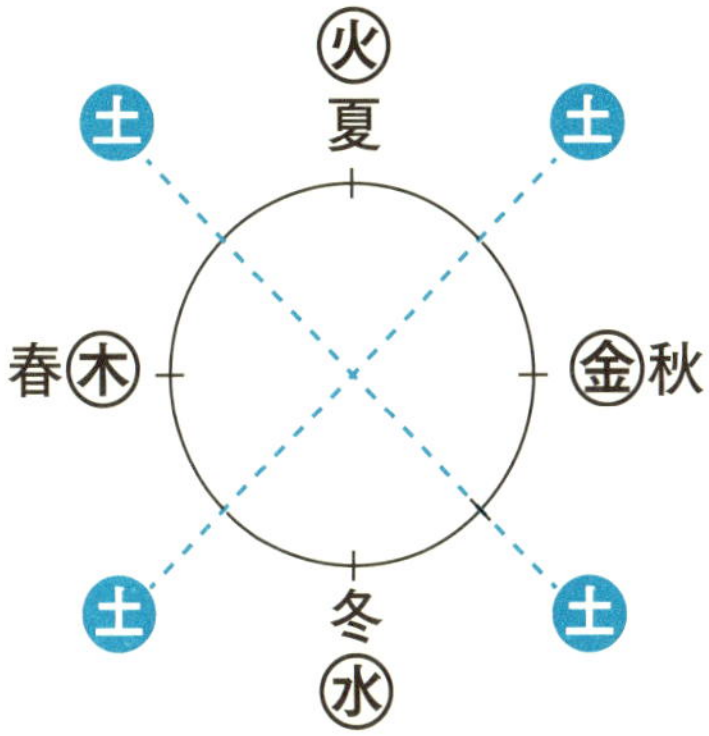

【家相盤】

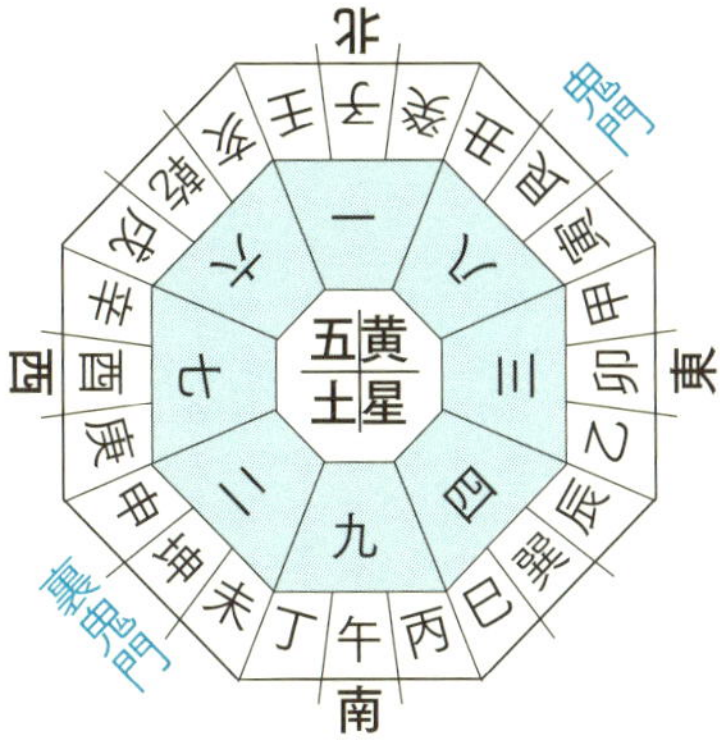

住まいの精霊さんからのメッセージ

２０１０年２月３日

鬼門を陰陽五行のエレメントでみると「土」がポイントになります。

易学の陰陽五行では、私たちの生命や物質など全てを作っているのは、「五行＝木・火・土・金・水」のエレメントです。鬼門、裏鬼門を陰陽五行でみると「土」の局となります。

● 鬼門と陰陽五行と四季

五行を四季でみると、春＝木、夏＝火、秋＝金、冬＝水です。Ａ図のように春と夏の間「土」、夏と秋の間「土」、秋と冬の間「土」、冬と春の間「土」となり、「春・夏・秋・冬」の各季節の間が「土」となります。

つまり四季の中で「土」の季節は、陰局とも

【B図】九星と五行（風水や家相の定盤）

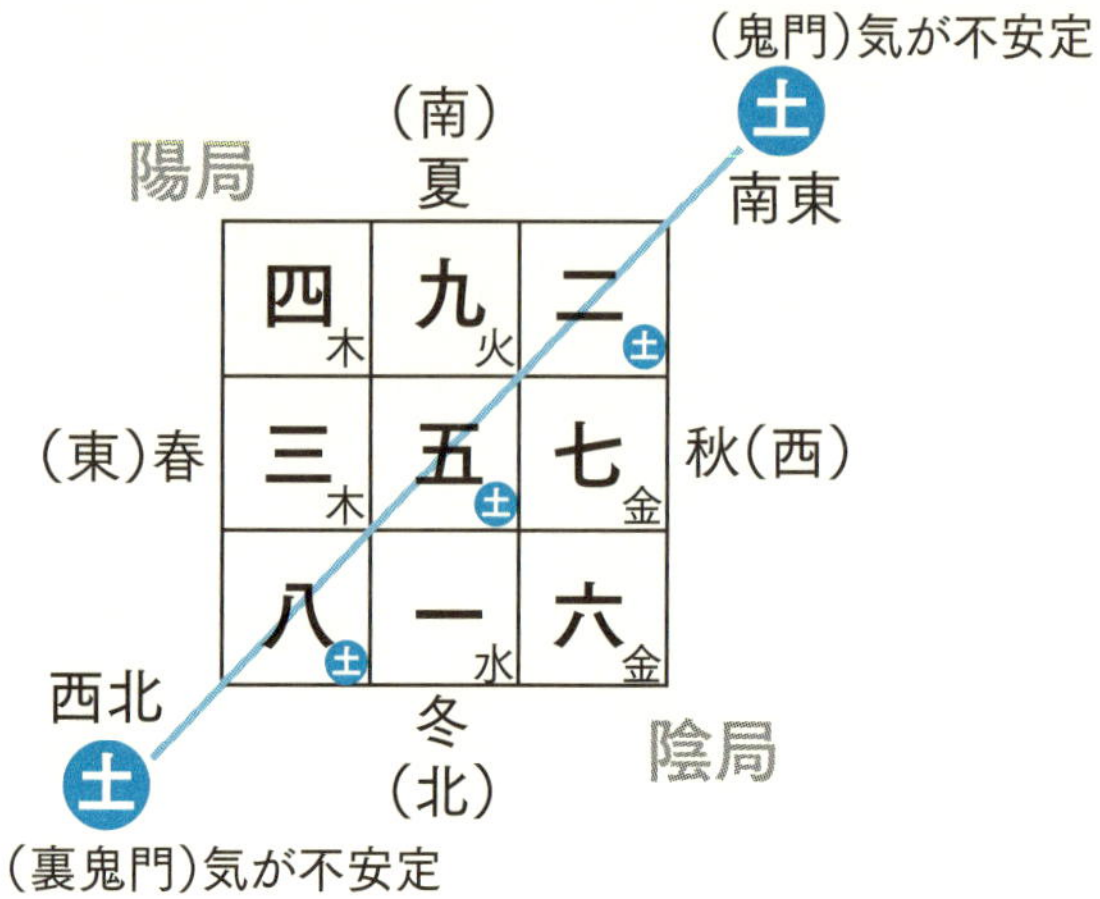

陽局ともどちらともつかず不安定な季節となるのです。それを易学でみると、「㊏」がポイントになります。

「㊏」＝土星は、陰でもなく陽でもない不安定な気の流れがある所が鬼門、裏鬼門の局となります。（B図）

●鬼門と陰陽五行と易学の関係

陰陽五行による「陽局」

九紫火星＝火
三碧木星＝木
四緑木星＝木

陰陽五行による「陰局」

一白水星＝水
六白金星＝金
七赤金星＝金

五行でみると、二黒土星＝「土」、五黄土星＝「土」、八白土星＝「土」の局のラインが鬼門、裏鬼門となります。それを家相盤《かそうばん》に当てはめてみると、その「土」のラインに水回りや不純な物があると凶となります。一白水星～九紫火星の9つのマスが家相盤の元となるB図となります。

●鬼門・裏鬼門の方位の解決法

鬼門＝東北、裏鬼門＝西南に水回りや不純な物がある時は、窓を開けて風を入れたり、除湿機などを使ったりして、そこの湿気をできるだけ取ると良いです。

また、鬼門と裏鬼門の対策として、その方位と「土」のラインを綺麗に掃除して、小皿に塩盛《しおも》りをし、鬼門の方位には光る金色のベルや鈴を、裏鬼門には銀色のベルか鈴を飾ると良いです。

また、気の入口である玄関が鬼門や裏鬼門にかかった時も同じようにすると良いです。

「土」は陽でも陰でもない不安定な気の局となりますが、安定させると地球生命とリンクする輝やかしい神様が来るとされています。

住まいの精霊さんからのメッセージ

鬼門の神様は恐いとされていますが、もし私たちの味方になりますと、素晴らしい開運や幸運をもたらす富神様になります。

鬼門・裏鬼門と大本教の陰陽秘話

大正時代に出された大本《おおもと》教の機関誌『神霊界』を読んで九星五行と大本《おおもと》教の関係を考えていたとき、**住まいの精霊さん**からメッセージがありました。

『神霊界』では、「変性男子《へんしょうなんし》」(体は女性で魂が男性)と「変性女子《へんしょうにょし》」(体は男性で魂が女性)のことを伝えています。

「鬼門」丑寅《うしとら》(艮)の金神《こんじん》様が降りて『大本《おおもと》神諭《しんゆ》』を書いた開祖・出口直《でぐちなお》は「変性男子」と呼ばれ、『霊界物語』を書いた聖師・出口王仁三郎は反対側の「裏鬼門」未申《ひつじさる》(坤)の神様で「変性女子」とされています。

図のように陰局でも陽局でもない土のラインで「変性男子」と「変性女子」を理解することで、『大本神諭』のほとんどが解明できるそうです。これは大本教の内々に伝わる説でもあります。

また、陽局＝東洋、陰局＝西洋、中局土は日本と言われ、神劇では、日本ひな型説(日本は世界のひな型)を通して世界を神世界にしようとしました。北海道＝アメリカ大陸、本州＝ユーラシア大陸、四国＝オーストラリア大陸、九州＝アフリカ大陸としています。

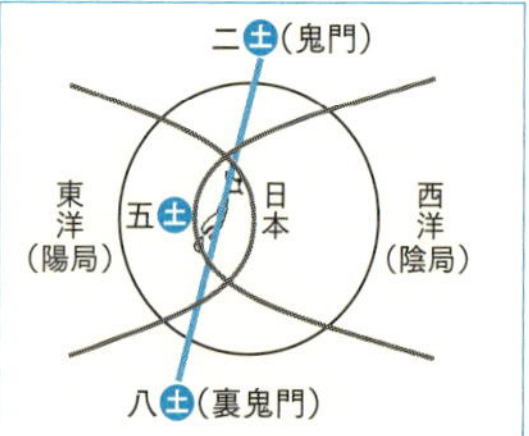

日本(中局)と東洋(陽局)と西洋(陰局)

参考文献：『神霊界』(八幡書店、完全復刻)
『大本言霊学』(出口王仁三郎、八幡書店)
『神霊界と異星人のスピリチュアルな真相』(秋山眞人、布施泰和、成甲書房)

◎鬼門の元となる九星の陰陽五行の相性◎

●九星と五行

五行（木・火・土・金・水）のエレメントは、私たちの星「九星」とも関係してきます。

九星	五行
一白水星	水
二黒土星	土
三碧木星	木
四緑木星	木
五黄土星	土
六白金星	金
七赤金星	金
八白土星	土
九紫火星	火

●五行の相性

五行の相性には、相生《そうせい》、比和《ひわ》、相剋《そうこく》の3つがあります。

五行の相性

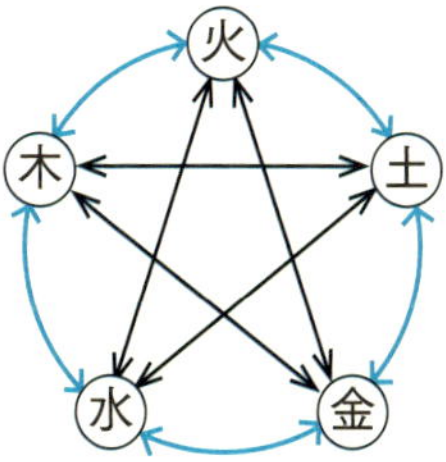

相生…良い相性

「木より火」が生まれ
「火より土」が生まれ
「土より金」が生まれ
「金から水」が生まれ
「水より木」が生まれる

比和…良い相性　同じ五行は良い相性

木と木　火と火　土と土　金と金　水と水

相剋…悪い相性

木＝×＝土と金
火＝×＝水と金
土＝×＝木と水
金＝×＝火と木
水＝×＝火と土

相性が良い五行（相生）

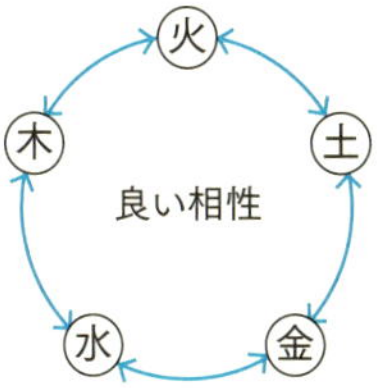

相性の悪い五行（相剋）

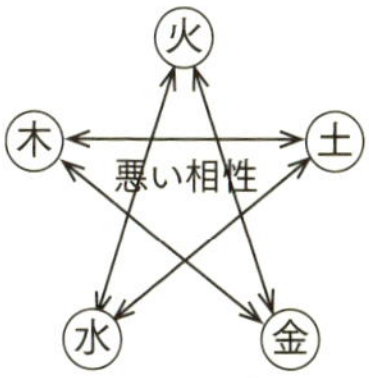

家相盤と五行

「北斗七星＋2星」と九星……太古の人々は天文をみて、季節や方位の占いをしていました。その天文占い・星占術でも北斗七星は大切な道標《みちしるべ》で、その7つの星に2つの星を付け加えて九星としました。「北斗七星＋2星」を一白水星〜九紫火星の「九星」としてあらわしたのが【A図】です。

九星盤＝五行図盤……「家相盤」のもとになる図盤で、9つのマスに一白水星〜九紫火星の五行「木・火・土・金・水」を入れたものです。この「五行図盤」から風水図盤作成で「日本の家相盤」と「東南アジア＝台湾、香港、中国」の風水盤と分かれてきます。【B図】

日本の家相盤……日本は四季を重視し、家相盤に四季を当てはめています【C図】。日本では「春・夏・秋・冬」の四季を大切にしており、それは四季の祭りにも伺えます。その日本の四季の中に日本の住まいの風水があります。

東南アジア(台湾、香港、中国)では「九星盤」からいろいろな風水の流派が生まれています。【D図1】の飛星派《ひせいは》や【D図2】の八宅派のほかに、三元派、三合派、四白九紫派、奇門遁甲《きもんとんこう》派、六壬派《りくじんは》、星平《せいへい》派などいろいろな派があります。

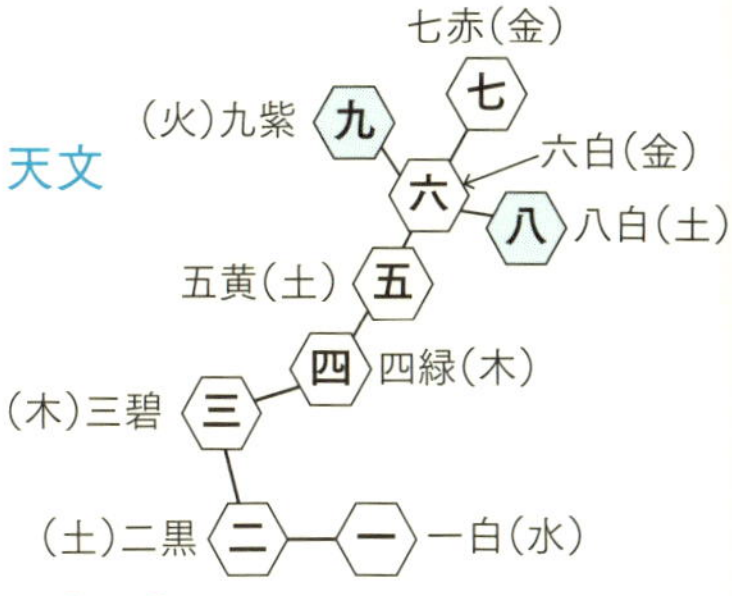

【A 図】北斗七星の図で九重星の元図

南

四 木	九 火	二 土
三 木	五 土	七 金
八 土	一 水	六 金

東　西

北

【B 図】家相の定盤の元となる図

［日本］

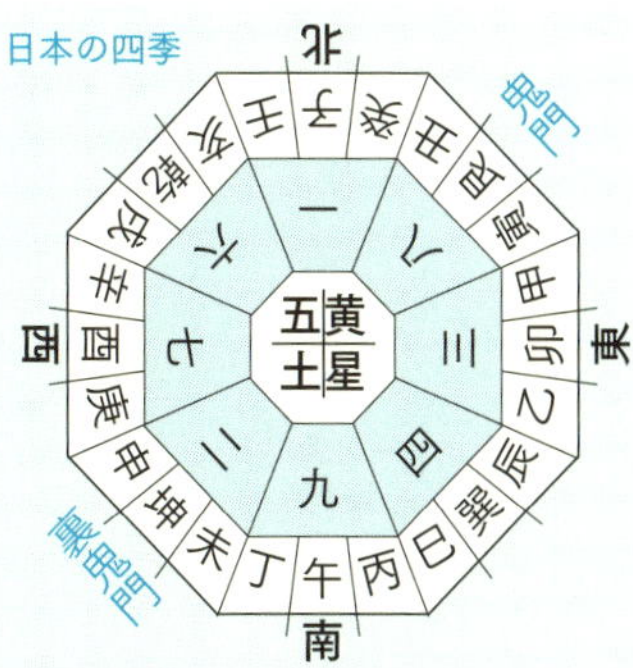

【C 図】日本の家相盤の例

台湾
香港
中国

【D 図 1】飛星派盤

3 4 七	8 8 三	1 6 五
2 5 六	4 3 八	6 1 一
7 9 二	9 7 四	5 2 九

子山午向、癸山丁向

【D 図 2】八宅派盤

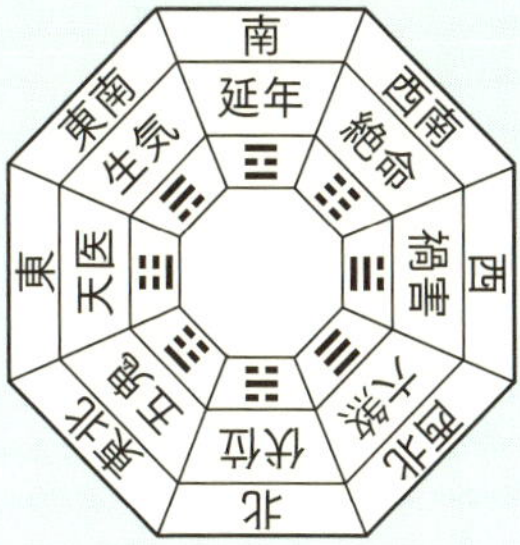

宅卦☵　座山北

［他の流派］三元派、三合派、四白九紫派、奇門遁甲派、六壬派、星平派など

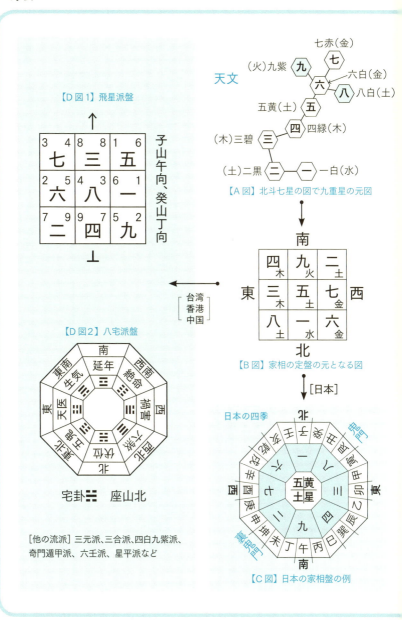

4 住まいの精霊さんと建物構造のオーラ

建材による精霊と住まいのオーラ

風水と**住まいの精霊さん**の鑑定をしていてわかったことですが、人にオーラがあるように、建物も部屋の気と関係してオーラが存在します。建物にはいろいろな造りや構造があり、大きく有機物と無機物の建物に分かれます。建物の建材に関連して精霊と住まいのオーラについて説明します。

●有機物の建物

木造の日本家屋に**住まいの精霊さん**が現れやすいのは、柱や梁《はり》や壁など建物の構造物や床柱などに使われる木材が霊木（松、杉、檜《ひのき》など）だからです。樹齢が数百年の木は精霊が感能しやすく、その木のある日本家屋には特にいる可能性が高いです。

桃、桜の木など霊的に強い気質を持った霊木を使用した建物では、複数の精霊が住みつく時があります。床の間の床柱は桃や桜など霊的に強い木をよく見かけます。

●無機物の建物

鉄骨造や鉄筋コンクリート造の建物は木造より**住まいの精霊さん**が現れにくく、また住む場所が限られてくるようです。しかし風水鑑定後には住まいにいる精霊を感じる時があります。それは、宅内で旺気（家内での強い開運の気）の出ている場所です。それを考えると、だいたいのお家には**住まいの精霊さん**がいると思います。

有機物・無機物の建物に関係なく、どのお宅にもいるという感じです。

住まいの精霊さんからのメッセージ

２０１０年３月３日

自宅の建物が良いオーラに恵まれるには、住まいの風水の良さ、人の良さや明るさによるものが多々あります。風水が良いと住まいの精霊の動きや開運オーラも強く輝きます。

工法による精霊と住まいのオーラ

建物をスピリチュアルや**住まいの精霊さん**の視点で見ますと、建物とオーラの関係などが見えてきます。

① 木造 在来工法

従来の木造の住宅やアパートは、梁や柱や壁などが木材による在来工法で造られています。

建物のオーラ

木造の建物は気の流れも良く建物が呼吸している感じで、オーラを見ても建物内と建物外が一体で連動して輝く感じです。**住まいの精霊さん**が言うには、建物が年数を重ねると、建物と**住まいの精霊さん**のオーラを合わせた霊的パワーが強くなるようです。

風水調整

風水調整の後には、**住まいの精霊さん**はお住まいの人に開運メッセージを伝えやすいです。

神棚…神棚を祀るとなお良く、精霊の開運のオーラが得られます。神棚の設置場所は33ページを参照してください。大黒柱や神棚を祀るのに良い方位も紹介しています。

大黒柱…大黒柱は家の霊的オーラパワーの中心となり、大黒柱が建物内にあると、**住まいの精霊さん**にとっても住みやすい家となります。

② 木造 ツーバイフォー工法

ツーバイ工法は、北米やカナダで生まれた工法で、2×4インチ（およそ5×10センチメートル）の基本材で枠組みを造り、木造の合板を壁や床に当てはめて造ります。

建物のオーラ

建物のオーラは、木造在来工法と同じで建物内外で連動して輝く感じです。日本在来工法の建物オーラと少し違っていて、**住まいの精霊さん**のほかに妖精的な霊質を持った精霊がいることがあります。オーラも少し西洋風の感じです。

風水調整

風水調整の後、**住まいの精霊さん**の場所を安定すると、メッセージを伝えやすい気が流れているので、精霊からの良い開運オーラも得られます。
安定のためには良い場所に神棚を設置すると良いです。

③鉄骨造　鉄骨パネル工法

鉄骨パネル工法では、梁《はり》や柱が軽量鉄骨で、そこに不燃材料や耐火に優れたパネルを設置し建てていきます。
床は鉄骨デッキ板の上に軽量コンクリートを張ったもので、住宅やアパートなどが主です。

建物のオーラ

軽量鉄骨に木質の合板を張った壁の場合は建物内外ともにオーラは輝きます。ただ外壁にアルミ合板を張った場合は、建物内外のオーラは少し違って輝く感じがあります。室内に湿度が高くなるのが原因です。

風水調整

風水調整をして室内の気の流れを安定して、神棚の場所を良い所に設置すると室内のオーラが良くなり、**住まいの精霊さん**からの良い開運メッセージを得ることができます。

④鉄骨造　鉄骨工法

鉄骨工法は、梁や柱が重鉄骨造りで、床は鉄骨デッキ板に軽量コンクリートを張ったもので、壁は耐火性に優れた板（ＡＬＣ板）などを用意します。

主な建物はビルや高層マンションなどです。鉄骨工法は耐火性や地震時も優れていますが、気密性が高く湿度や工夫の問題が出てきます。

建物のオーラ

鉄骨建物のオーラは木造と比べて、建物内のオーラと建物外のオーラは違っており、建物の内のオーラは住む人のオーラや念（思い）のオーラが残りやすいそうです。

建物の外のオーラは、建物の外観やデザインの形状などでいろいろなパターンのオーラが強く出ている感じです。たとえばナイフのような鋭いオーラを出す尖ったデザインの形状の建物などは、建物のデザインの形状により危険なオーラを出す建物もあります。

風水調整

風水調整と合わせて、主に湿度を調整して神棚の設置をすると、**住まいの精霊さん**からの良い開運メッセージを得ることができます。

⑤鉄筋コンクリート造　パネル工法

パネル工法は、軽量鉄筋コンクリートのパネルで屋根や壁や床が建てられている工法です。一般住宅やアパートでハウスメーカーが取り扱うものに多くあります。気密性が高く、湿気の対策が必要です。

建物のオーラ

建物の内外のオーラの働きは違っており、建物内外のオーラがともに輝くことは少ないです。

風水調整

風水調整と湿気の対策をして、建物内の室内に木質を多く用意することで室内の気の流れは良くなります。また、神棚を良い方位に設置すると、**住まいの精霊さん**の開運メッセージも受けやすくなります。

⑥鉄筋コンクリート造　重量工法

重量鉄筋コンクリート工法は、主にマンションや高層ビルなどで、屋根や壁や床が鉄筋コンクリートで一体成形されています。特に気密性が高く、鉄骨造の建物と同じく、室内の湿度の工夫が必要です。

建物のオーラ

建物内外のオーラが違って輝くことがあります。

風水調整

対策としては⑤**鉄筋コンクリート造**と同じく風水調整をして、室内に木質の材を多くし気の流れを良くして神棚を設置すると、**住まいの精霊さん**からの開運メッセージを受けやすくなります。建物の外観によるオーラは、建物のデザインの形状に関係し、重量鉄骨工法と同じような感じで働きます。

⑦組積工法

「ブロック積み建物」と「レンガ積み建物」は、建物オーラと**住まいの精霊さん**の開運メッセージや神棚のことは、⑤**鉄筋コンクリート造パネル工法**と同じです。

「丸木積み建物（ログハウス）」は、建物オーラと**住まいの精霊さん**の開運メッセージや神棚のことは、②**木造ツーバイフォー工法**と同じです。

参考文献：『家づくり得する200の知恵事典』（ニューハウス出版）
『新らしい建築法規の手びき』（矢吹茂郎、田中元雄、霞が関出版社）

風水のパワースポットと龍穴

地理風水の古来からの伝承で、大地にある「龍穴」は、人の体で言うと針やマッサージを行う時にみる経穴（つぼ）のようなもので、大地の気のエネルギーを出したり引っ込めたりして呼吸している感じの聖なる場所、パワースポットでもあります。

台湾や中国では昔から、主に皇帝が風水師に命じて風水師が風水羅盤《らばん》などを用いて見つけていました。アジア古来からのある風水の説では、「龍穴」を見つけ、そこに自家の墓を建て子孫の繁栄を願ったのでした。

日本では「龍穴」を見つけても墓を建てることはなく、氏神社を造って「龍穴」から出る気を村や畑などに分け、五穀や人々の幸福、開運、繁栄を願ったのです。

その氏神社には氏神社に関係する精霊が宿ります。

住まいの精霊さんからのメッセージ

２０１３年１月３日（朝）
かつての日本では龍穴深し（神社の場所を決めること）は、主に陰陽師や巫女などの霊能力者によるものでした。

5 氏神社《うじがみしゃ》と精霊の気の道

私が、日本古来からの氏神社の精霊や地理風水の気の流れを感じてわかったことを述べてみます。

引っ越しの時の注意と開運法

●氏神社と新居の関係

引っ越しは私たちの神様やご先祖様や精霊のことに関係し、新居での開運につながります。

新築など新居に引っ越しする時には、氏神様と自分のご先祖様への報告が必要です。

まず、氏神社の氏神様に報告します。住んでいたところの氏神様に引っ越しの報告をしてから、引っ越し先近くの氏神社に行き、氏神様に挨拶し新居の報告をします。報告に行く時間は午前中にします。

ご先祖様にも報告をします。引っ越しをする前にお仏壇やお墓にお参りをし、引っ越しの報告をします。報告の時間は氏神様と同じ午前中が良いです。

氏神様はその土地を守る神様で、その土地の上に建つ家（建物）を守る神様でもあるそうです。氏神様にお参りすると、氏神社とお参りした方の新居の気線がつながり、氏神様は氏神社にいる精霊をお参りした方に遣わし、住んでいる人に開運や幸運をプレゼントすることがあります。また、自宅が新居でなくても、お参りは開運につながります。

氏神社と初詣の初夢

初詣は住まいの近くの氏神社が良く、自分の里のご先祖様が通っていた氏神社にお参りするのが一番良いです。

初詣の時には人知れず氏神様から神託が降り、それをその夜の夢で見せることがあります（初夢は初詣の後になります）。また、初詣だけでなく日々の大切なお祭りの日も、同じような神託事がおこる時があります。

6 四季の精霊―春・夏・秋・冬の精霊

四季の精霊は、大地の気の立つ所（龍穴）に季節のオーブ（霊光玉《れいこうぎょく》）として現れ、オーラの輝きとメッセージを残し、四季の移り変わりに現れては消えていきます。

住まいの精霊さんからのメッセージ

大地の気の立つ所に、その大地に四季の精霊オーラが加わると、四季の精霊は「春・夏・秋・冬」のオーブとして現れます。

春の精霊―春のオーラ

春は、目覚めや芽生えなど、新たな精霊のオーラを秘めています。緑が芽生え、花が少しずつ咲き誇る季節です。

空気中にある細かい微粒子である自然界霊の六角形の霊的な結晶が、芽生えていく植物の中に入り、花が咲くとその表面に六角形の精霊的なオーラを浮かび上がらせます。草や花の精霊のオーラが辺りをおおうと、霊的な感じで花の妖精も姿を現す時があります。

五感（香り、味、音色や声、目に映るもの、自然界の感じる肌触《はだざわ》り）を通して、草花や木の新しい生命を感じる季節です。

「春の家」に住む精霊が新しい息吹きを見守っている感じです。

夏の精霊　夏のオーラ

夏は、生命の息吹が強くなる季節です。自然界の草花や木から出る緑の細かい六角形の霊的な結晶は、空高く舞い上がり自然界をおおいます。草花や木、動物や人々を集める霊的力も強まり、活発になってきます。雨上がりには、空気中の霊結晶も強くなり、虹や彩雲《さいうん》があらわれるのは、見えない世界では自然界の霊的働きがあります。

「夏の家」に住む夏の精霊は、夏の自然界を陰ながら見守っている、そんな精霊です。

秋の精霊　秋のオーラ

秋は大地が鎮まる時期です。夏に舞い上がった細かい六角形の霊的な結晶は、草花や木のオーラを陰と陽を結んで陰からそっと包みます。草花や木は種《たね》を産み、その種は母なる大地へ運ばれ、大地は春の精霊が目覚めるまでそっと見守ります。自然界は黄茶色《きちゃ》をあらわし、夏の精霊に眠りの近いことを秋の精霊を通して知らせます。

そんな「秋の家」に住む秋の精霊は、冬の到来を静かに見守る精霊です。

冬の精霊　冬のオーラ

冬は眠りの季節となります。

空気中に内在する細かい六角形の霊的な結晶は、やがて寒さと冷たい水気で細かい六角形の結晶体をあらわします。雪や氷の結晶の形となり、自然界の母なる大地に舞い降りた草木の種は冷たい地中で眠ります。春の精霊が目覚め、また芽生える季節の時まで……。

「冬の家」に住む冬の精霊は、春の到来まで、静かに冬を見守ります。

7 自然界に住む精霊 自然界のオーラと「いざなぎ流祈祷」

「いざなぎ流祈祷」と自然界の精霊たち

私の故郷、高知県旧物部村（現香美市）で昔から受け継がれる秘儀に「いざなぎ流神道」、別名「いざなぎ流祈祷」があります。

今日では「いざなぎ流祈祷」の神楽が国の重要無形民俗文化財に指定されています。しかし、祈祷に関する行い方の内容は秘儀とされ、秘儀を知ることは太夫と言われる方だけに限定して受け継がれています。私が精霊術に関連して少しだけ「いざなぎ流祈祷」を学ぶことを許されたのは、ご縁で知り合った祈祷師のT先生からです。T先生はお歳ということもあり、残念なことに亡くなってしまいましたが、とても素敵な先生でした。

「いざなぎ流祈祷」を行う太夫と呼ばれる方たちは、お祭りする対象（岩や木、森や山）の前にいざなぎ流の「ご幣」を立て、手で「印」を結び、「祝詞や祭文」を唱えます。対象である川や木、森や山などの自然界、そして家内などでは、精霊の存在があるとされています。また、1年を通した四季の祭りでも、移り変わる自然界への祭りでも精霊への祈りがあります。

「いざなぎ流祈祷」の家祈祷の祭文で「四季の歌」の祭文がありましたので、ご紹介します。

●四季の歌の祭文《さいぶん》

年立戻りて四季来れば四季をぞ歌ふよ、この頃、
正月来れば内に門松注目《しめ》飾り、
二月来れば、たづもはり来る木の革も目立つウグイスの口づくろい、
三月三日の桃の花、
四月四《シ》かそう日の八重桜、
五月五日の石菖蒲《しょうぶ》、
六月来れば門武氏子が四季の申也に相《ア》はそうとして峰が坂場《さかば》へ降り遊《アソ》ぶ、
七月大師七夕中づめの明神、綾沙《アヤシャ》の衣を召すとはや、
八月ほふをえん、
九月九日の八重、菊、

十月は神無月と歌へども出雲の国に神揃い出雲国にておわします。

十一月は霜《しも》月来れば四季の申也に会はうとて峰がさかばへ降り遊ぶ上坂《カミサカ》こえておはしませ、上坂遠くば下坂《シモ》越へておはしませ、下坂遠くなら白金黄金のちぢの御注目《ミ》を越へておはしませ、此の御座へましまする前に綾をはへ綾に勝りの錦を御座と踏《フマ》せ給ふ。

十二月は、谷々里々《さと》うづこふ降り、里や白霜岡の萱《カヤ》松かりし雪を冬の祝と申すなり。

かごめ歌

また、日本の昔からある伝承では、太古日本のある村の氏神《うじかみ》様神社の祭りでは、月に1回、村人が集《つど》い、神託を受けた巫女から村人の相談にのっていたそうです。

そこでは、「カゴメ カゴメの儀式」による子供の神降ろしもありました。子供たちは手をつないだ輪の中に子供の巫を座らせ、木の枝や花を持って回ります。カゴメの神歌を歌って子供巫へ神降ろしをし、神様といろいろ話をするそうです。その時、子供の巫が持つ木の枝や花の種数により、降りて来る神様や精霊が変わるそうです。

神降ろしに使う神歌が、昔から日本に伝わる「かごめかごめ」の童歌《どうか》です。

カゴメ　カゴメ　かごの中の鳥は、いついつ出やる、

夜明けの晩に、鶴と亀がすべった、後ろの正面、だあれ

五穀と精霊と幸運の関係

「いざなぎ流祈祷」では宅内でお祭り祈祷するときは、木の丸い器に米穀物を入れ、その米穀にご幣を飾り、手で印を結び、祭文を唱えて進められます。

また、穀物で餅を作り、家の祭壇にお餅を捧げ、神様や精霊を呼ぶ祭りもあります。五穀は神様や精霊を呼ぶ神器でもあります。

五穀のお餅を祭壇や神棚に捧げる↓精霊↓幸運につながる

五穀を入れた木の器にご幣を飾る↓精霊↓幸運につながる

五穀（米、麦、あわ、きび、豆）は、精霊の開運の思いが宿りやすい穀です。五穀のお餅を祭壇や神棚にお祭りすると、住まいの人たちに精霊は開運をもたらします。祭壇や神棚に五穀を入れた木の器にご幣を飾ると、**住まいの精霊さん**は祭壇や神棚に宿りやすく、より幸運をもたらします。

五穀に神気があるのは、龍穴（47ページ参照）にある神社から穀物の実る畑に常に気が流れ込むからで、穀物は気を受け、神様や精霊の気の宿る幸運の食べ物へと変わります。神様や精霊が近付く神器になり、神祭りや家祈祷に欠かせないものとなります。

また、五穀物は御守りにもなります。

五穀物による御守りの作り方

住まいの精霊さんからのメッセージ

２０１４年1月30日（朝）
五穀物の御守りは、厄年の方や運の悪い方におすすめです。
①と②と③を混ぜて小袋に入れ、御守りとして持っていると災難に遭いにくいです。１年に1回、作り直すことが大切です。

① 五穀＝米、麦、あわ、きび、豆（小豆）
② 水晶＝ザラメか小さい水晶を１つ
③ 荒塩＝できるだけブレンド（混ざり）のない物、ひとつまみずつ

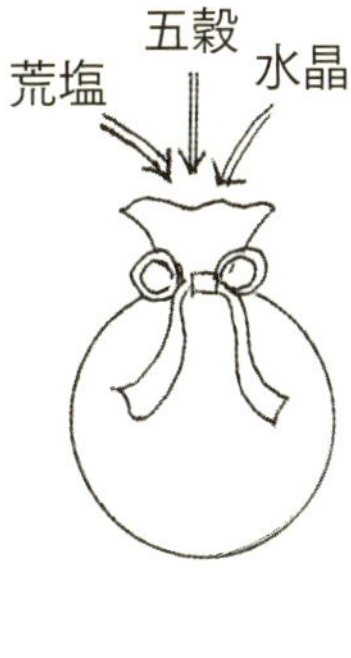

太古日本からの一年間毎月の祭り行事

竹内文書の『神代の万国史』を見てわかったことですが、お餅を飾る住まいの毎月の行事は、氏神様のお祭り日で、**住まいの精霊さん**にとって、とても大切な日です。巫女から神話を伺う日でもあります。

神棚などに飾るもの

●一月一日(ムツキ)……………鏡餅を飾る…………正月
●二月二日(ケサリ)……………蓬《よもぎ》餅を飾る
●三月三日(イヤヨ)……………菱《ひな》餅を飾る
●四月四日(コウベ)……………桜餅を飾る
●五月五日(サナヘ)……………柏餅を飾る…………チマキを飾る
●六月六日(ミナツ)……………蓮《はす》葉餅を飾る
●七月七日(フクミ)……………桑葉餅を飾る…………七夕祭り
●八月八日(ハヤレ)……………稲餅焼米を飾る
●九月九日(ナヨナ)……………柿餅を飾る
*九月十五日(ナヨナ十五夜)……白玉餅を飾る…………月見団子、十五夜

●十月十日（カナメ）……………十種類の新穀を飾る
●十一月十一日（シブル）…………蕎麦《そば》餅を飾る
●十二月十二日（シハツ）…………玉栗《くり》餅を飾る

参考文献：『神代の万国史』（竹内義宮編、皇祖皇太神宮）
『神霊密書』（矢野祐太郎編著、神政龍神会）

七五三のお祭りと精霊の開運

「いざなぎ流祈祷」では、宅内で行うしめ縄に「ちぢの御注目《ミシメ》」でミシメ（垂《た》れ）を作ります。

そのわらの数の順が右から七、五、三です。

七、五、三は一般には、

七……　七月　……陰陽の星祭り（七夕）
五……　五月　……男子の節句（陽）
三……　三月　……女子の節句（陰）

をあらわしますが、**住まいの精霊さん**から教えてもらったことを含めると、

いざなぎ流ミシメ（ちぢの御注目《ミシメ》）

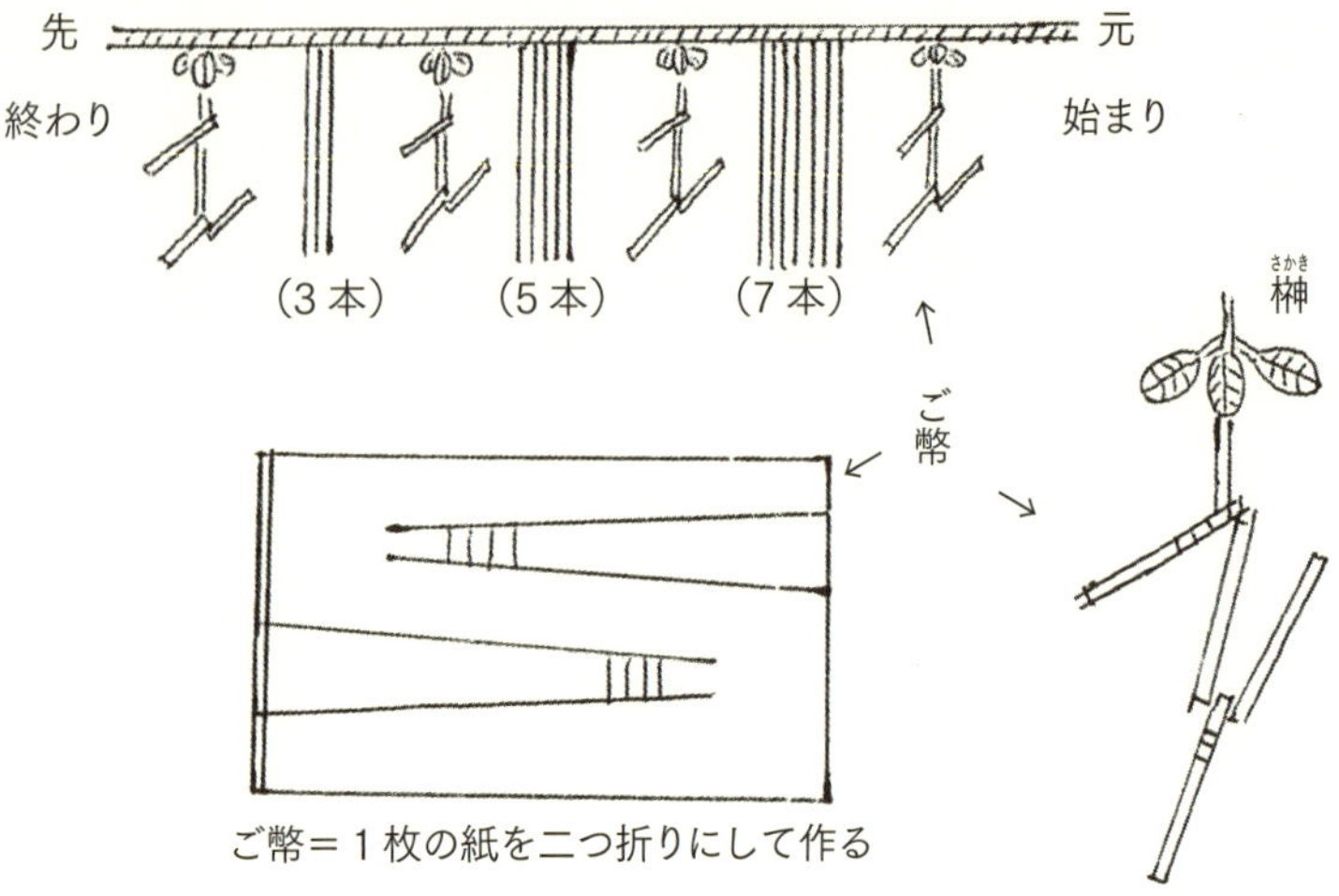

ご幣＝1枚の紙を二つ折りにして作る

七……体の外の環境……六星の中央に点
五……身体……………五星
三……体の内面（心）……三角

をあらわします。これは、人が動くときに法則として働く運命のサイクル、**環境→身体→体内→環境→身体→体内**のサイクルに対応しています。このことから、しめ縄のらせんと垂れの仕組みは次の内容をあらわしていて、その中の1つでもコーディネートを変えると運命も変わります。

●**開運法**

七＝環境「住」

…風水、パワースポット、方位学

…自宅の部屋や環境のよい気の流れで開運を得ます。また、パワースポットのオーラやよい方位で開運にします。

七は「住」、五は「衣」、三は「食」をあらわします

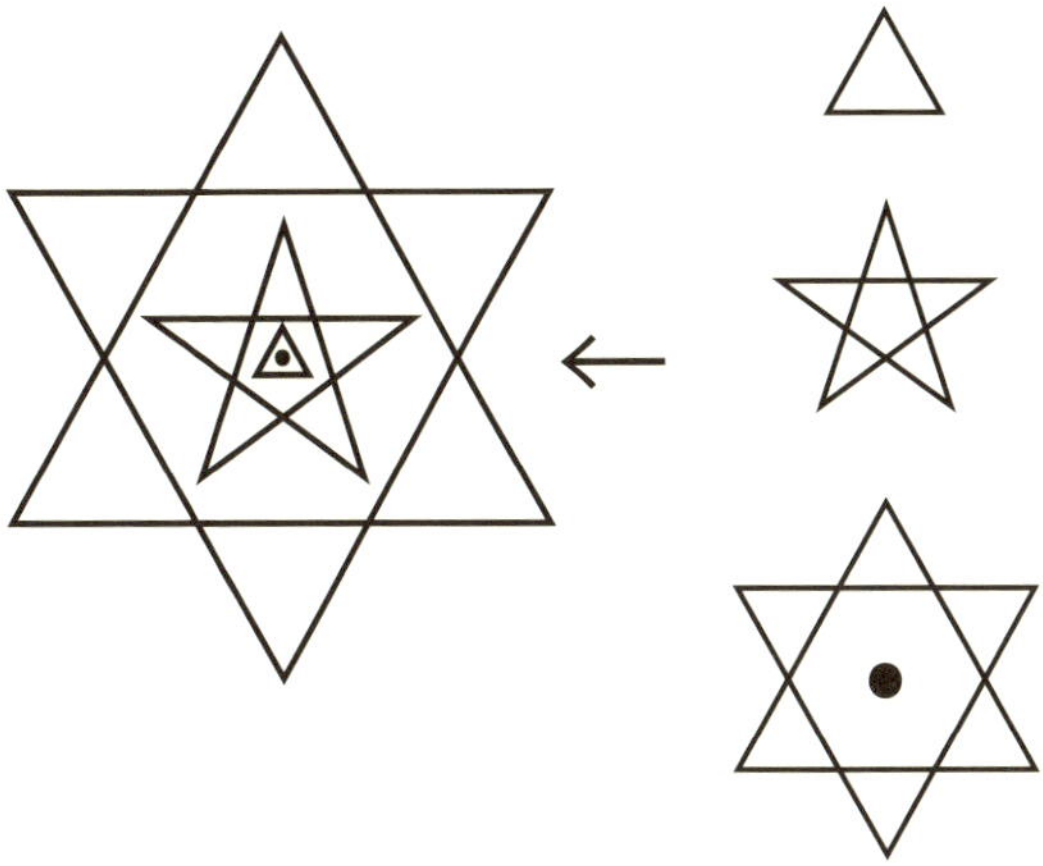

五＝身体「衣」

…ファッション、パワーグッズ、ラッキーカラー

…自分に相性がよく似合うファッションでコーディネートして開運にします。水晶や開運石のついたパワーグッズのブローチ、ネックレスやアクセサリーなどを服に着けることで開運に導きます。また、自分のラッキーカラーで開運にします。

三＝体内（心）「食」

…ヨガ、心のセラピー、アロマの香り

…体内をヨガで自分の気を整え開運を得ます。心のセラピーで思いや考え方を幸運に変えます。また、アロマの植物の香りで自分を開運へと導きます。健康によい五穀や雑穀などで開運を得ます。

参考文献：『超能力開発マニュアル』（秋山真人、朝日ソノラマ）

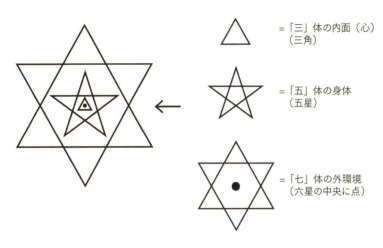

8 宇宙の精霊

四季の霊的輪

宇宙の精霊は、4つの季節「春・夏・秋・冬」を霊的なリング（霊的輪）で結びます。リングは毎年変わり、それにより毎年四季の風景も決まる時があるそうです。霊的輪の個性は七色あり、その年の旧暦の新年に神様が決め、四季の精霊が霊的輪を持って都市や町や村に舞い降りて来ます。そして四季の個性の輪で四季を結びます。精霊たちは、毎年移り変わる四季の流れに、四季の美しさを秘めて見守っている感じです。

宇宙の精霊と気龍

宇宙の精霊は、都市や町や村で荒れる「気流」をチェックしています。「気流＝気龍」が荒れると、そこに住む人の心が荒れる時があります。宇宙の精霊は気龍に高い波動（オーラ）を与え、鎮まるよう

住まいの精霊さんからのメッセージ

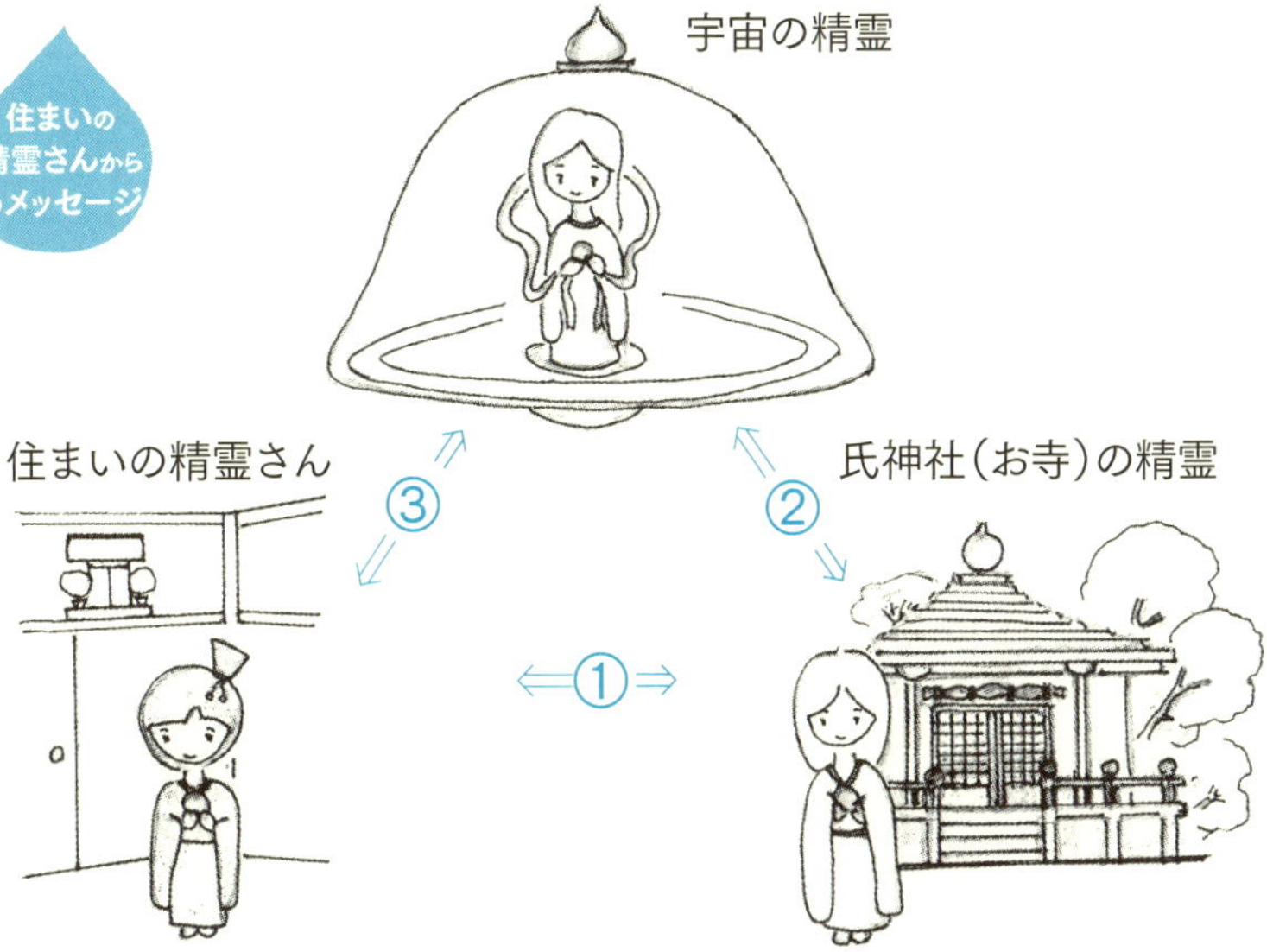

に働きかけます。気龍は気を荒らして対抗し、宇宙の精霊を手こずらせますが、宇宙の精霊から放射する高い波動は少しずつ気龍を包み大地を鎮ませます。荒れる気龍が鎮まり大地を鎮める時、雨上りに高次元の波動が空気中に残り、空に彩雲《さいうん》が輝くときがあります。また、宇宙の精霊も輝く精霊として上空に目撃されることがあります。

宇宙の精霊と住まいの精霊さんとの関係(上図)

①**住まいの精霊さん**は住まいの神棚を通し氏神社の精霊やお寺の精霊と交流しています。

②氏神社やお寺の精霊は、宇宙の精霊と町や村の平安を祈り交流をしています。

③宇宙の精霊は**住まいの精霊さん**に対して、住まいの人々に家庭内の平安や幸運を招くよう交流をします。

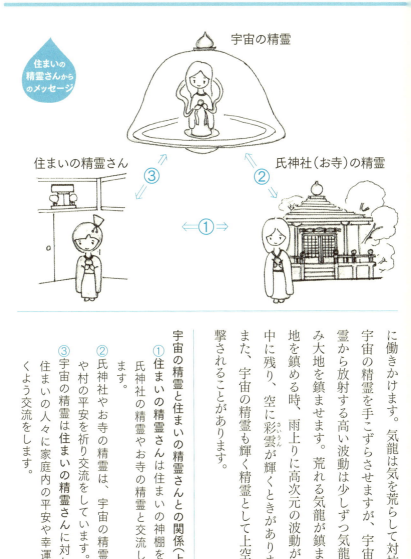

住まいの精霊さん鑑定と風水開運調整の例

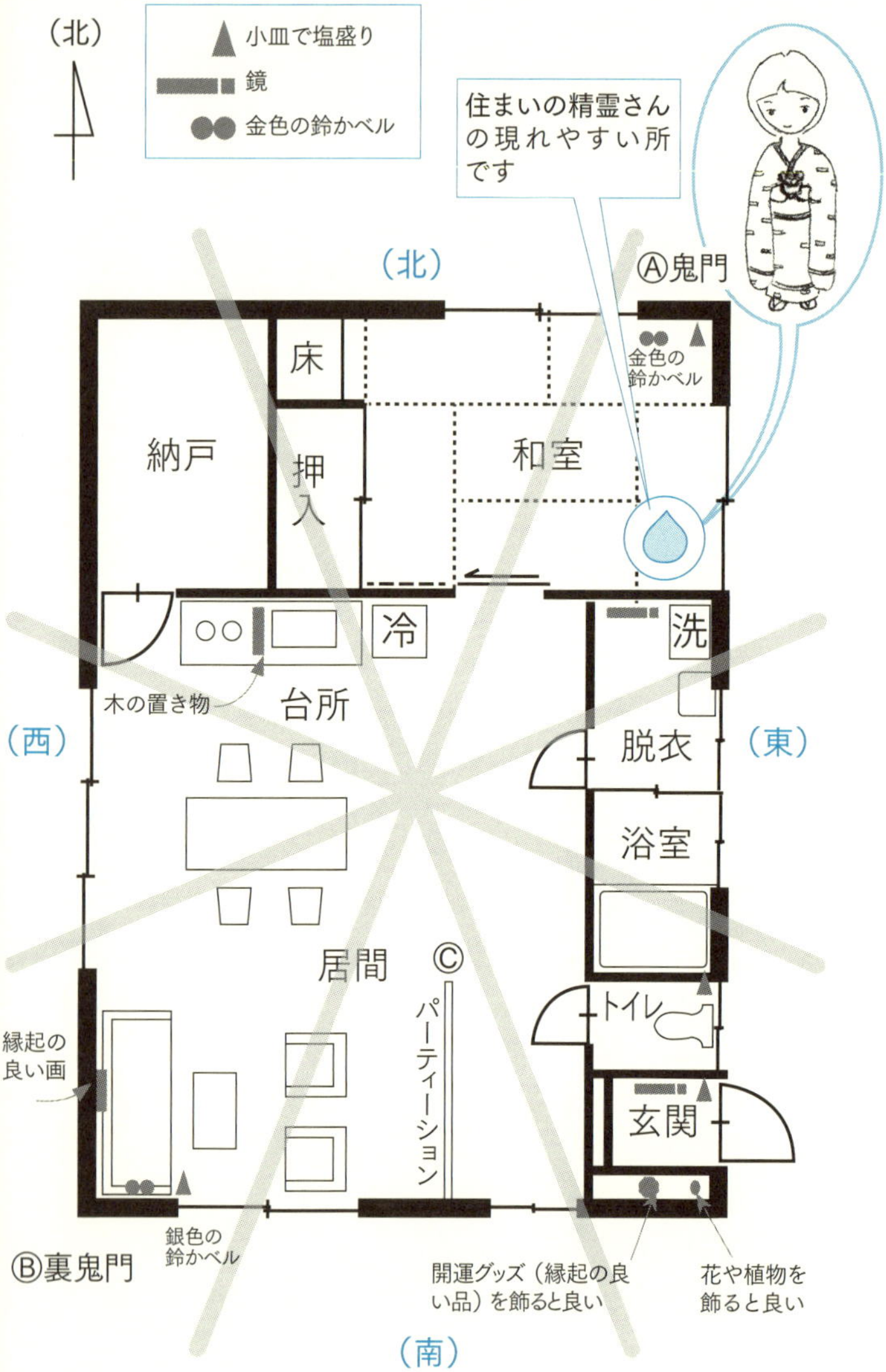

【風水鑑定の例】

風水鑑定や**住まいの精霊さん**のいる場所を右の家をモデルに例として示します。

●玄関…玄関は気の入口です。住まいの気が悪いときは、小皿に塩盛りを玄関に置くと良いとされます。塩は月に2回替えます。

●鬼門・裏鬼門…鬼門・裏鬼門に汚れのある部屋では不運を招くとされています。

●住まいの精霊さん

・本来の姿はオーブ(霊光玉)です。
・北東の和室にいるようです。
・**性別**＝男の子
・小花の咲く土の器を持っています。
・**個性**＝考えが深く、わりと落ちついた感じ。リーダー的な雰囲気で少し気まま。
・**メッセージ**＝感性や直感を学べと言っています。

オーブ

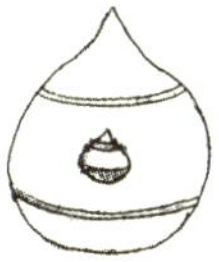

【風水調整】

風水調整は一般共通ですのでどこのお住まいでも活用できます。鬼門と裏鬼門や入口玄関をマメに掃除し、塩盛りした小皿は汚れたら常に替えると良いです。

Ⓐ鬼門（東北）による風水調整

塩盛りした小皿を鬼門（東北）に飾ると良いです。また、金色の鈴かベルを飾ると良いです。

Ⓑ裏鬼門（西南）による風水調整

塩盛りした小皿を裏鬼門（西南）に飾ると良いです。また、銀色の鈴かベルを飾ると良いです。

Ⓒ観葉植物の風水調整

部屋の柱や壁の角は気運を悪くするため、図のように観葉植物を飾ります。

【調整術】

●**小皿の塩盛り**…湿気のある汚れた所などに置きます。悪い気を散らします。月に2回替えます。

●**鏡**…暗い湿気の多い所に飾ります。悪い気を浄化します。

●**鈴（ベル）**…金色や銀色の鈴（ベル）は、魔除け開運グッズです。神楽や巫女舞いの時にも多々使われ、住まいの魔除けや開運のグッズともなります。

◎風水調整する部屋（所）は、まず一番に掃除が大切です。

【鑑定をしたお客様宅例】

●**Mさん宅**：女の子……負けず嫌いのところがあり、人を立て、友人を集める力があります。少し短気です。

●**Tさん宅**：女の子……見えない所でいろいろと動いています。少し気変わりすることもあるようです。住んでいる方の希望をかなえようとがんばっています。

●**Nさん宅**：男の子……小才《こさい》もあり器用です。住んでいる方の人《にん》の気《き》を高めようと見えない所でがんばっています。

住まいの精霊さん鑑定の図面

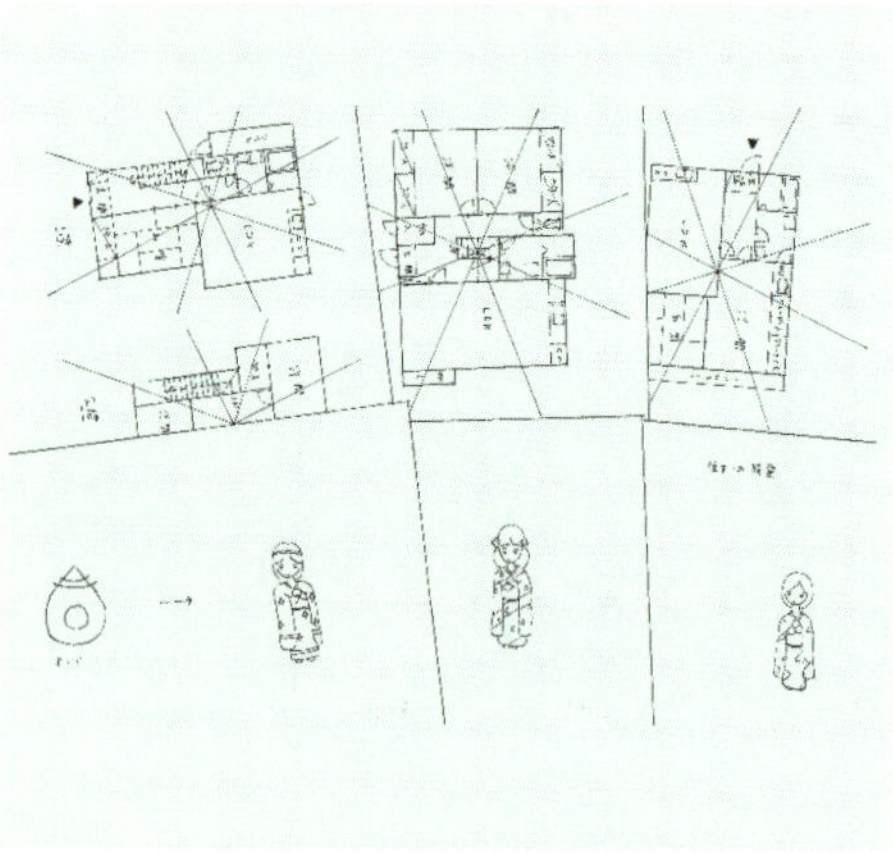

第２部

精霊の開運法と風水おまじない

陰陽五行は万物の元となっています。その陰陽五行に住まいの精霊さんの心が入ったときに、ときにして、風水にも開運の方法が生まれます。

「夢殿と気学による占断」は、九星と住まいの精霊さんのメッセージを参考にして開運法を作成しました。

「血液型の朝の風水精霊術」は、朝に行うと良い血液型による開運法です。

「部屋隅の風水調整開運術」は、ご自分の部屋でできる開運法です。

「十二方位磁石による氏神社の開運鑑定法」の「神社の開運オーラ鑑定法」は、住まいの精霊さんのメッセージを参考にして作成したもので、名もわからない神社のパワースポットや開運オーラを簡単に鑑定できる方法です。「輔星卦気流法」は、水の流れや道路や神社やパワースポットから流れる気を鑑定する法で、本書では、日本で簡単に入手できる十二支方位磁石を活用して鑑定できる方法を発表することにしました。

「風水七福神の開運精霊術」は住まいの精霊さんから教えてもらった風水のおまじないです。

皆様の開運のお役に立てていただければ幸いと思っています。

※開運法では、住まいの気の流れや個人の気質により、開運の現象が現れやすい人や現れにくい人の個人差がありますのでご了承ください。

1 「夢殿」と気学による占断

２００３年の春めいたころ、広島市内の住宅展示場で建築士のアイデア住宅の展示イベントがありました。私は風水と住宅をテーマにしたものを展示することになりました。展示場にはいろいろな住宅メーカーの住宅アイデアを写真パネルや建築設計図、住宅の模型などで多々展示します。私の建築コーナーを考えた時、私が建築とスピリチュアルの歴史を研究していた２００１年に、**住まいの精霊さん**が現れ、「夢殿」と風水気学のことを話してくれました出来事を思い出しました。

住まいの精霊さんからのメッセージ

２００1年1月1日(朝)
「夢殿」八角堂は「十二支を加えた気学九星」なので、その大切な日や時間を観想して吉凶を占うことのできるスピリチュアル的な建物です。時として、気の判断内容が夢に現れることがあります。

「夢殿」は、日本建築史においてたいへん有名な法隆寺にある八角堂です。739（天平11）年に聖徳太子が建立したと伝えられています。1230年に大修理をして優美な八角堂となりました。

「夢殿」は九星気学の気流による、吉凶の予知をする殿でもありました。

私は**住まいの精霊さん**から話してもらった「夢殿」と風水九星気学の関係を思い出して、十二支を加えた九星気流による**「夢殿」吉凶法**を展示することに決めました。展示場での私のコーナーは風水とスピリチュアル建築の関係が深く、見る人に興味を引く展示となりました。

十二支を加えた九星気学による**「夢殿」吉凶法**の一例は、次のようなものです。

①八角堂の気の入口になる戸や窓を開け閉めして吉凶を占います。

②その気を観想法を持って判断します。

観想判断は風水をもって気を判断し説明します。

今回は、複雑な十二支を加えた九星気流による**「夢殿」吉凶法**から少し遠退きますが、風水九星気学を活用して誰でも自宅の部屋でできる簡単な「夢殿」の気学による方位の開運占い法を掲載することにしました。

幸運や開運事の参考にしていただければ幸いです。

●暦でその日の吉凶方位を占い判断する方法

「夢殿」とは関係なく、八卦図と暦からその日の吉凶を占います。

①暦でその日の九星を調べます。

②74～82ページの「九星の吉凶表」で占います。

「吉方位」はそのまま開運を示し、「凶方位」はその日の凶運を示します。

「五（五黄）」の反対方位は暗剣殺方位（ア）で、その日の良くない方位となります。「凶」はその方位を注意すれば、開運や幸運に転化することができます。

法隆寺夢殿　建物の平面図

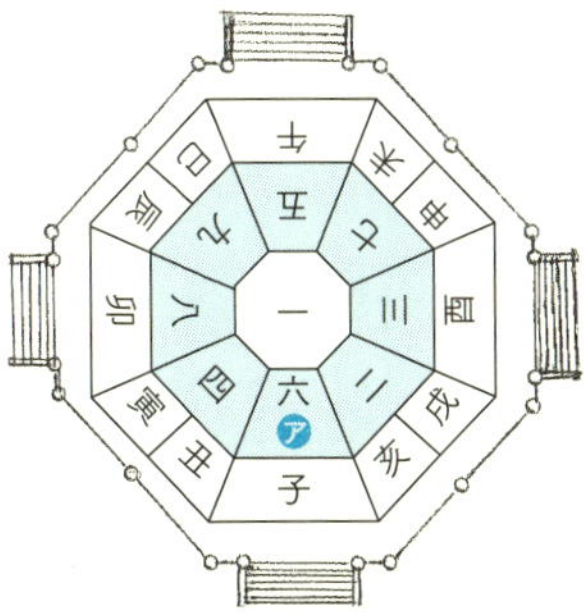

【例】

●今日その日に「吉の方位」で仕事や旅行など用事があるとき……「吉方位の開運」の象意をみて、そのようにすると開運が得られます。

●今日その日に「凶の方位」で仕事や旅行など用事があるとき……「凶方位の開運」の象意をみて、その方位を注意すると開運になります。

〔九星の吉凶表〕

一白水星の日

【八卦図】

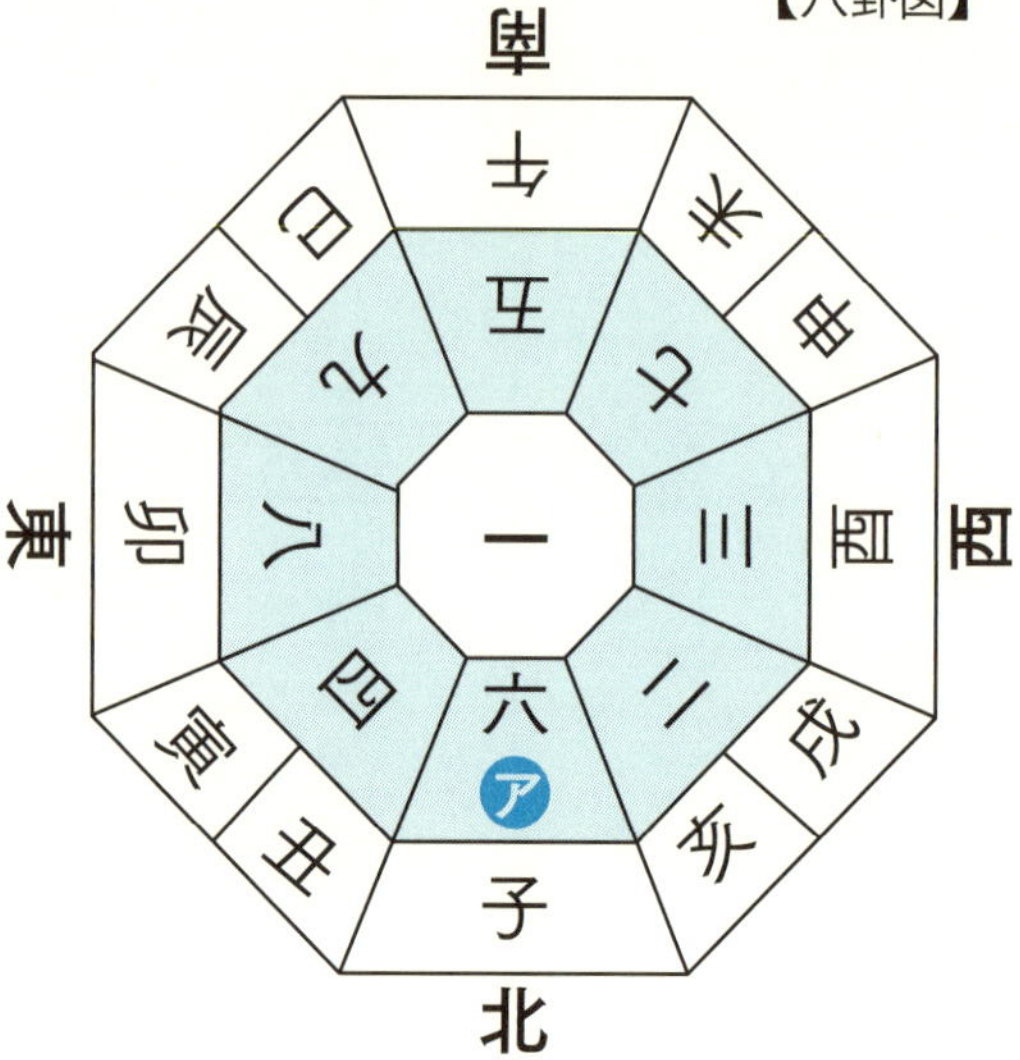

●吉方位の開運

南西＝家庭内に自然素材の物が良い

西＝財運や金運に良い

東北＝移転や変化に良い

●凶方位の開運

ア北＝無理すると体調を壊しやすい

東＝物事の始まりに注意

東南＝信用性や発展に気をつける

南＝知性の表現が難しそう

西北＝無意味なプライドなどで社交や交際に注意

二黒土星の日

【八卦図】

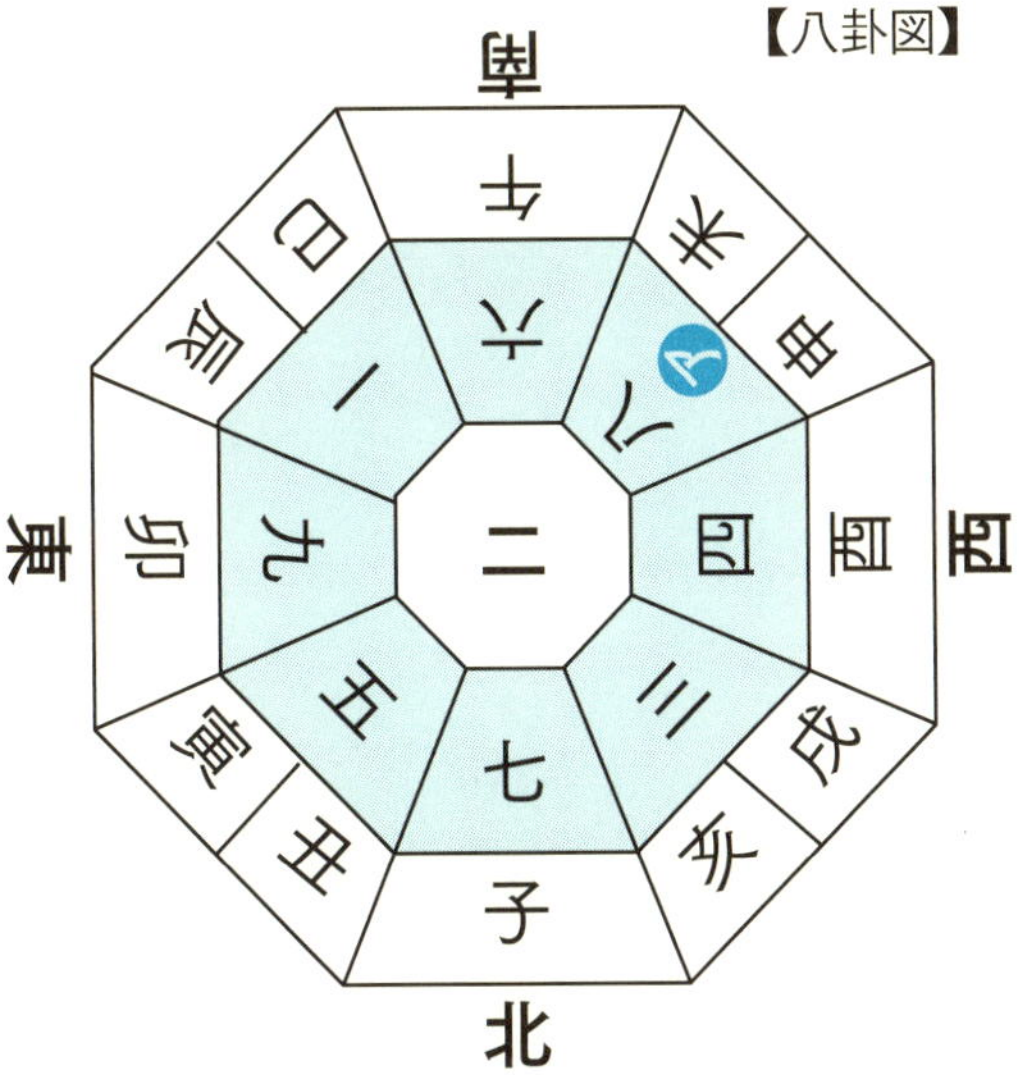

●吉方位の開運

南　＝　パワフルな知性に良い

東　＝　始めてのことをスタートするに良い

北　＝　健康的なスポーツ物が良い

●凶方位の開運

ア南西　＝　忍耐や努力がむくわれにくい

西　＝　恋愛運や相性運が悪い

西北　＝　社交にて金銭の出入が多く注意

東北　＝　変化によるスランプを起こしやすい

東南　＝　開運が失われやすいので注意

三碧木星の日

【八卦図】

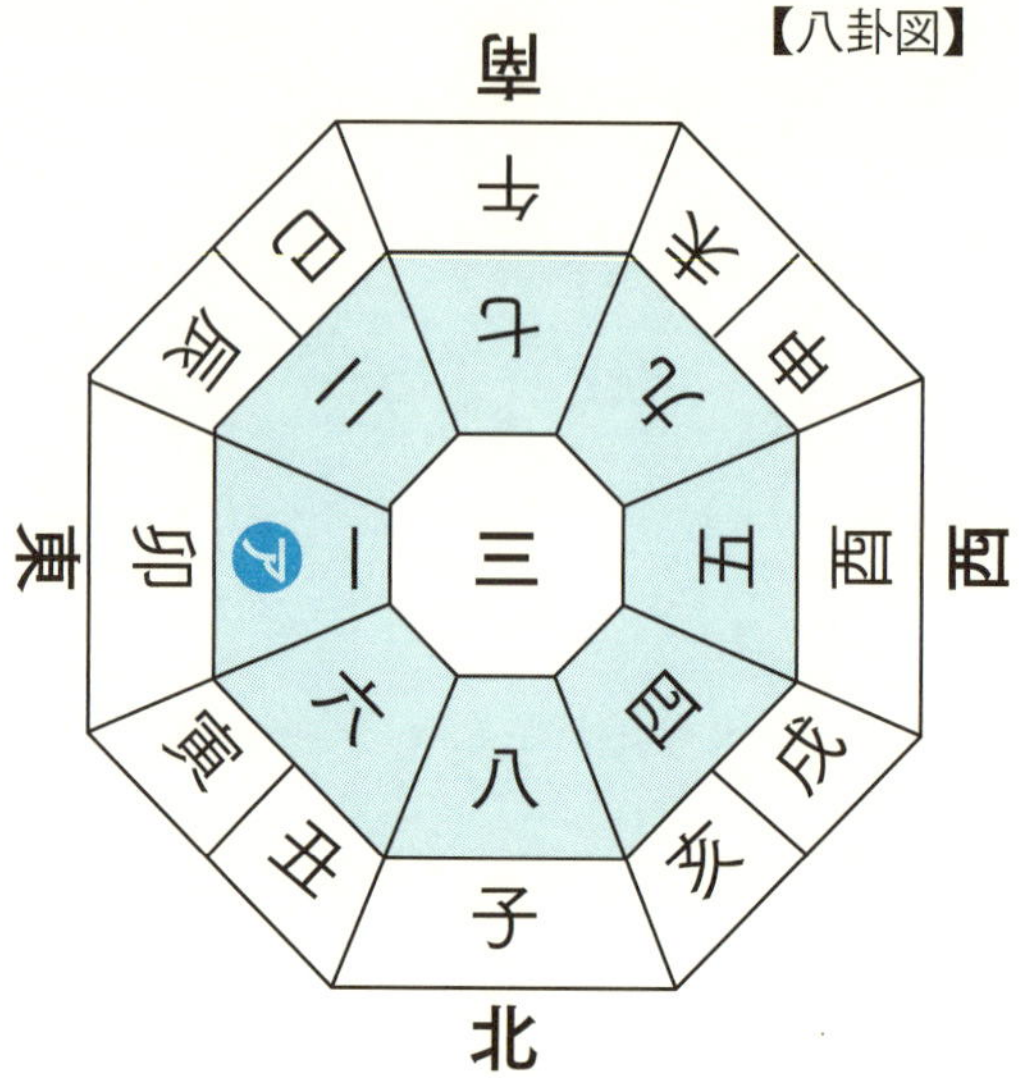

●吉方位の開運

南西＝忍耐や努力に開運

西北＝財運や貯金運に有効

東南＝交際による信用性が良い

●凶方位の開運

ア東＝始まりや物事のスタートに注意

東南＝今の計画や進展に少し戸惑いそう

南＝表現を相手に伝えにくい

西＝財運や金運の出入に注意

北＝相性や恋愛運に注意

四緑木星の日

【八卦図】

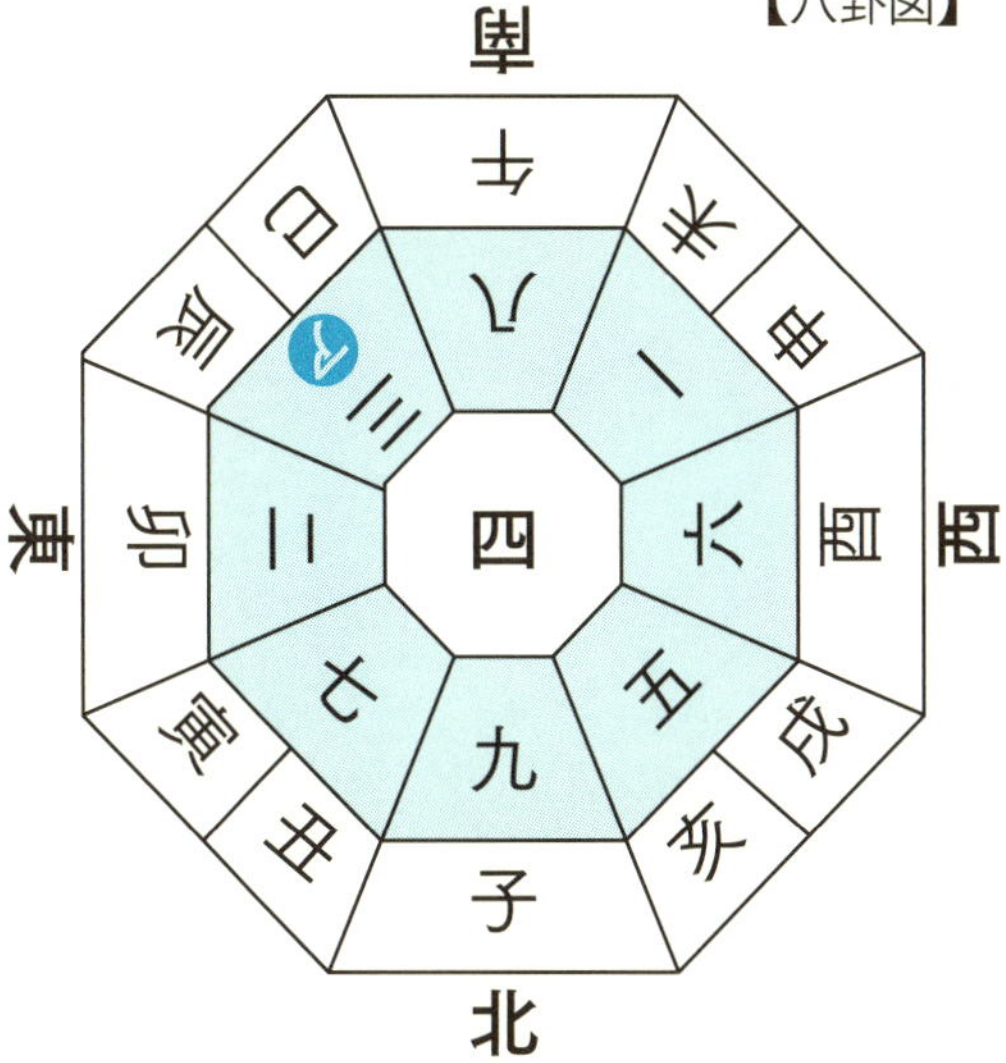

●吉方位の開運

南西 ＝ 家庭内の働きが開運につながる

北 ＝ 健康運や体調運に良い

●凶方位の開運

ア東南 ＝ 発展や信用に傷害がありそう

西 ＝ 財運や金運の出入がありそう

西北 ＝ プライドや気品に注意

北 ＝ いろいろな相性運に障害がありそう

北東 ＝ 移転や変化に注意

東 ＝ 若さや健康に少し注意

五異土星の日

【八卦図】

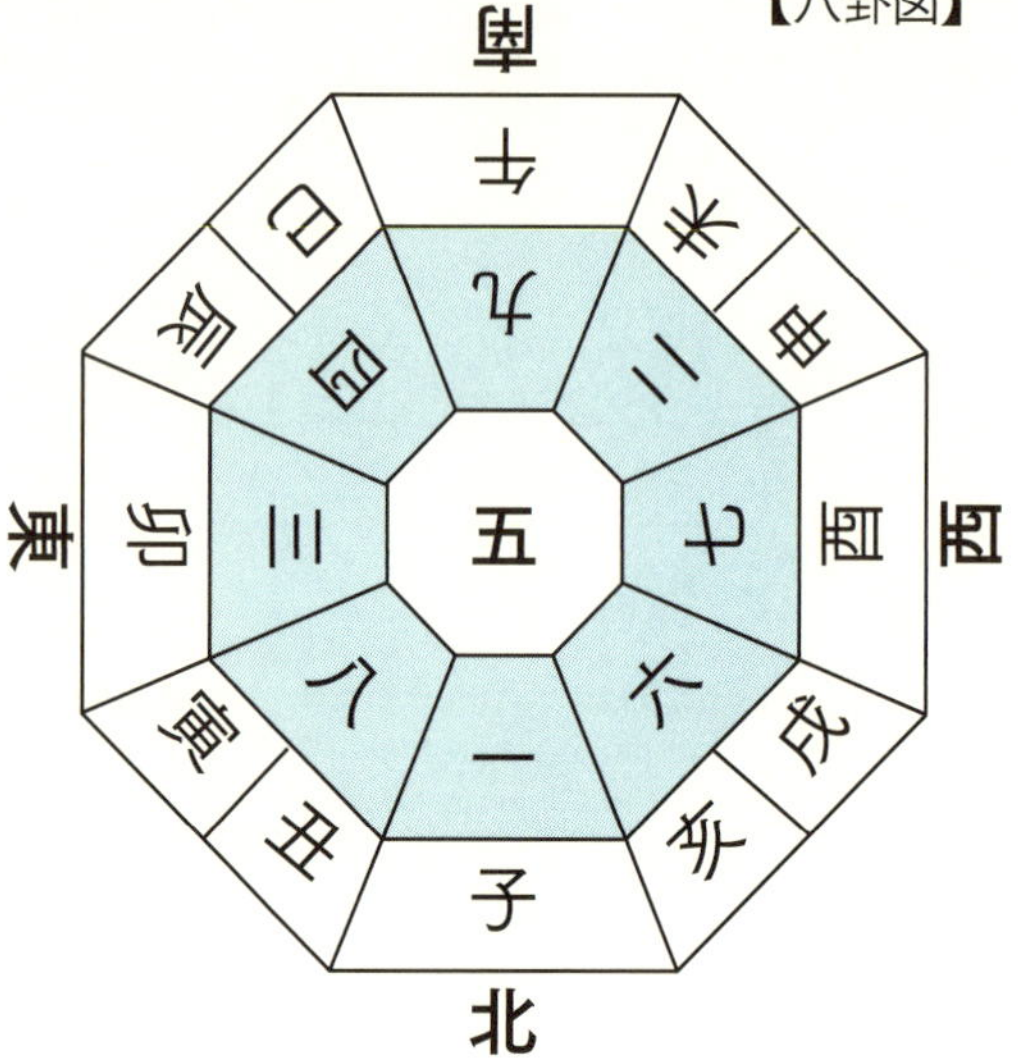

●吉方位の開運

南　＝　知性や表現に良い
南西＝　家庭内での労力が開運になりそう
西　＝　財運や金運が良い
西北＝　社交や気品が開運になりそう
北東＝　新しい移転や変化がありそう

●凶方位の開運

南東＝　知人との交際に注意
東　＝　勝負事が凶になりそう
北　＝　プライベートな秘密がもれやすい

六白金星の日

【八卦図】

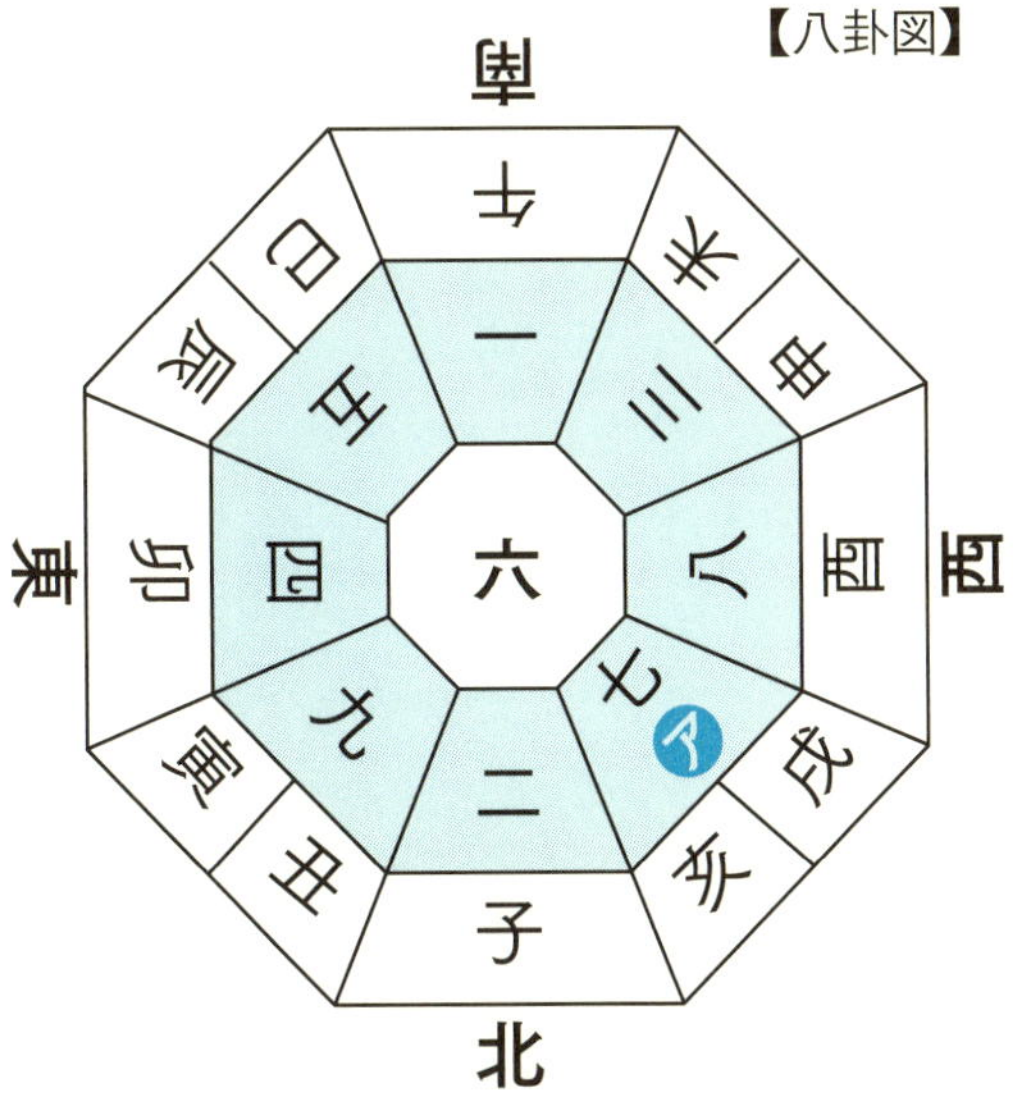

● 吉方位の開運

南　＝　知性的な芸術が開運につながりそう

西　＝　恋愛や相性に良い

北　＝　健康や体調などスポーツに吉

● 凶方位の開運

ア 西北＝　貯金や財運に出入がありそう

北東＝　移転や新しい変化に注意

東　＝　金銭の出入がありそう

東南＝　発展性や信用に注意

南西＝　活発な発展に障害が出そう

七赤金星の日

【八卦図】

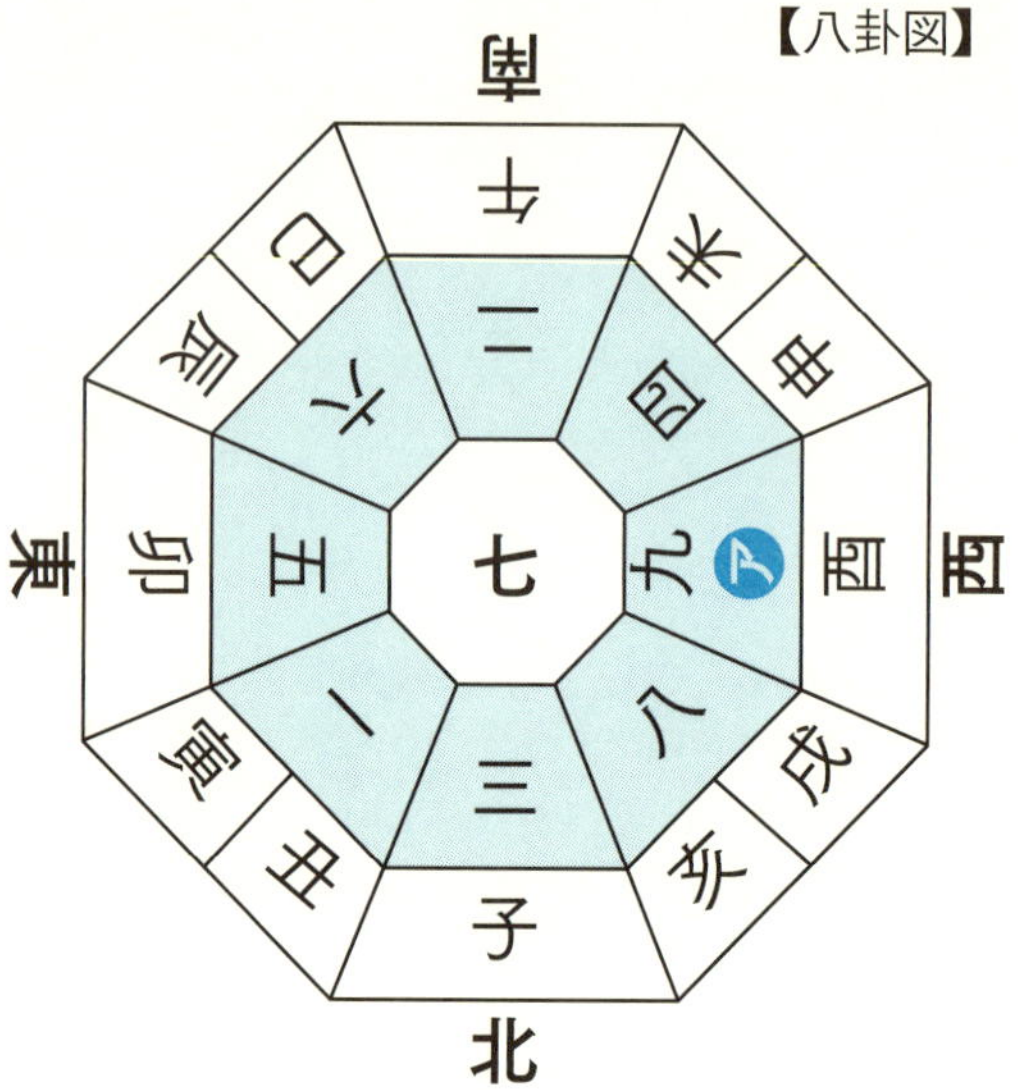

●吉方位の開運

南＝知性的な表現が吉

西北＝財運や金運が開運につながりそう

北東＝移転し新しいことが始まりそう

東南＝活発な発展がありそう

●凶方位の開運

ア西＝金銭に出入がありそう

北＝恋愛や相性に注意

東＝勝負事や物事のスタートに注意

南西＝家庭内にストレスがありそう

八白土星の日

【八卦図】

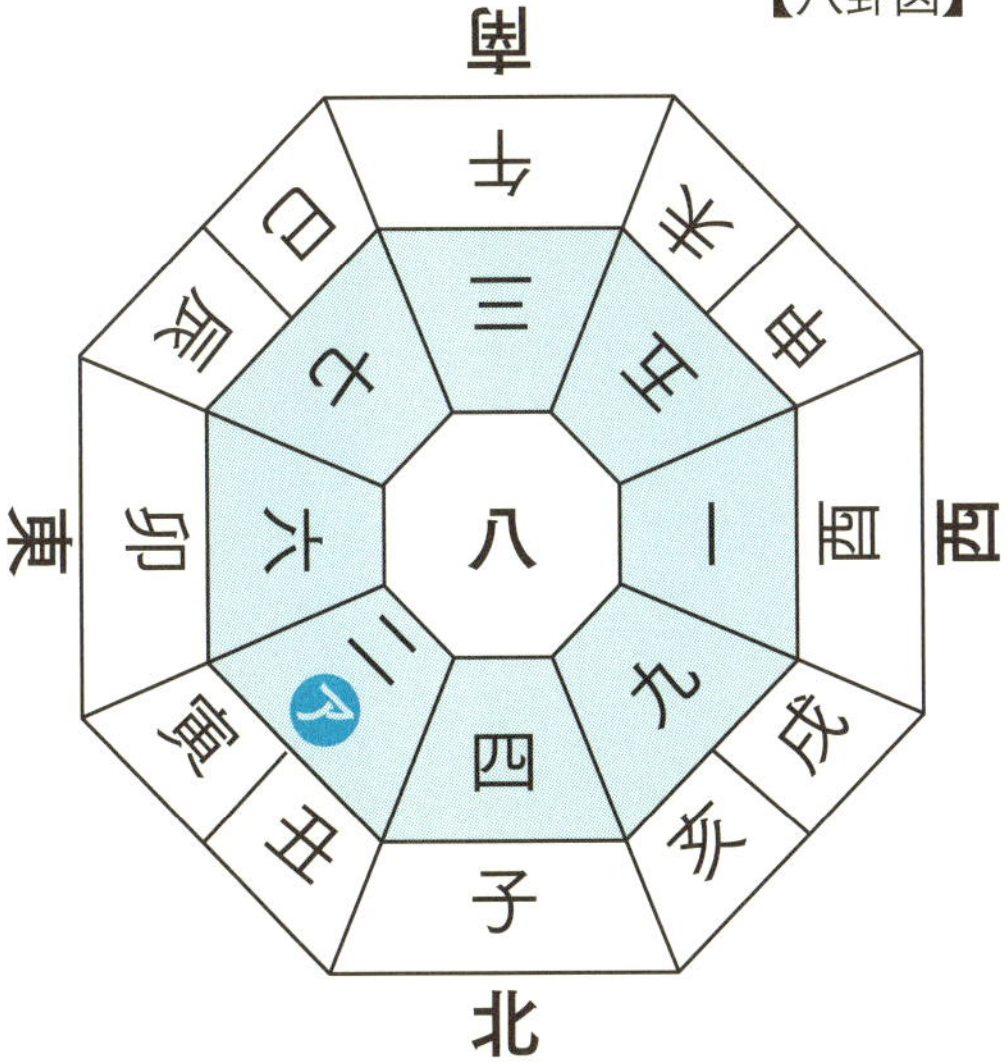

●吉方位の開運

西北＝気品のある社交が幸運につながりそう

東＝新しい物事のスタートに良い

東南＝活発な計画が吉

●凶方位の開運

ア北東＝新しいことにトラブルがありそう

南＝知性的な芸術や才能が表《おもて》に現れにくい

南西＝家庭内の労力が認められにくい

西＝金銭の出入が多そう

北＝プライベートなことに注意

九紫火星の日

【八卦図】

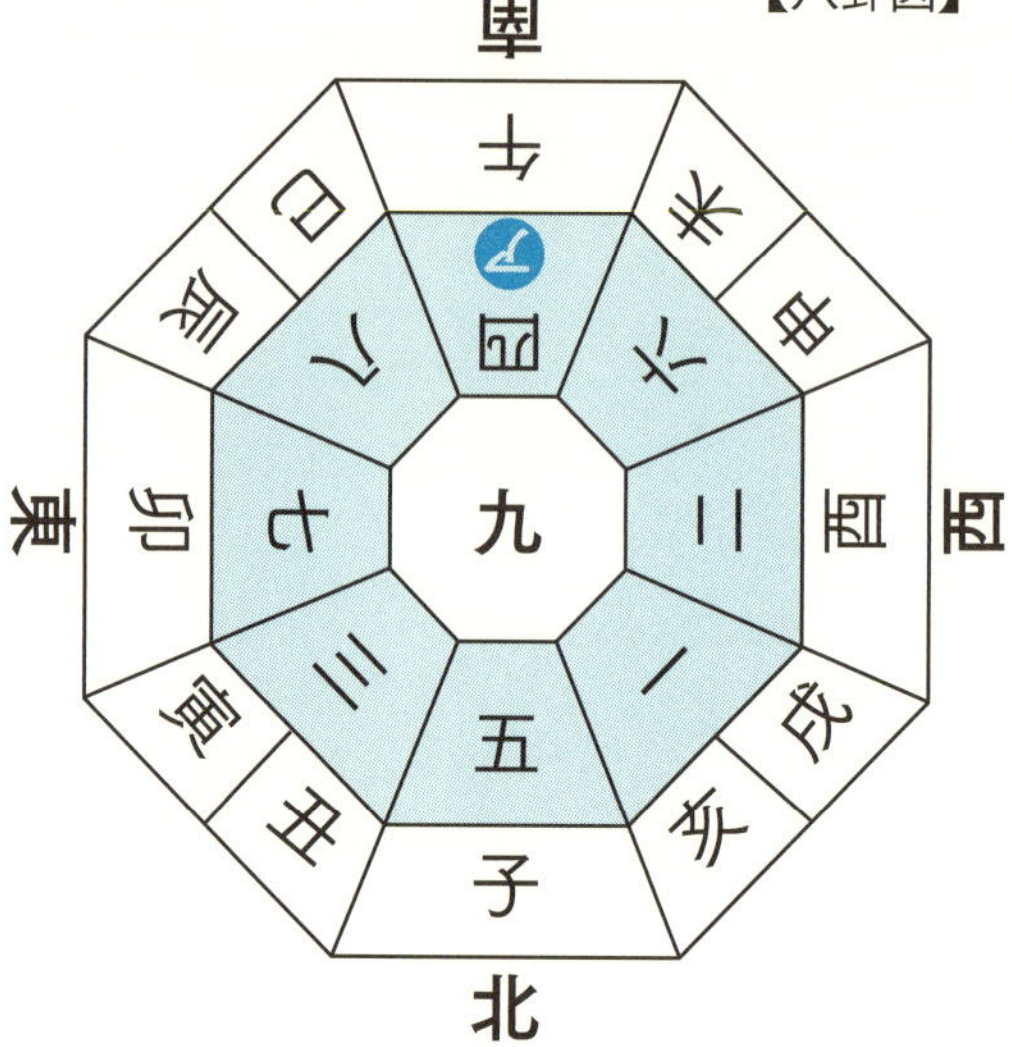

●吉方位の開運

西　＝　金運や財運に良い

北東＝　新しいことに良い変化が起こりそう

東南＝　発展的な信用が開運につながりそう

●凶方位の開運

ア南　＝　自己表現が表に現れにくい

南西＝　家庭内での努力が認められにくい

西北＝　社交でのプライドに注意

北　＝　相性や恋愛に注意

東　＝　活発な物事のスタートに注意

2 血液型の朝の風水精霊術

２００３年10月初旬の朝、仕事前なのか、近くのカフェで数人の女性が集い朝食を取りながら血液型による人の性格の話をしていました。その話が聞こえた私は、血液型は風水との関係はないかと思いました。私はさっそく、風水と血液型について研究を始めました。

朝は新しい気が部屋に入る時刻です。朝に風水調整は良く、血液型の性格にアロマオイル（植物の香り）をプラスすることで開運になる率は高くなります。しかし、開運風水による血液型の方位がわかりませんでした。

風水と血液型の研究を始めて数日が過ぎたころ、市内にあるローカルＴＶ局から風水の依頼がありました。偶然にも、血液型に関係した風水を放映したいので考えてほしいとのことでした。テレビ放映は５日後の11月11日朝の予定です。私は風水と血液型に関係する資料をまとめている最中でした。問題点は多々ありました。

悩みが深まってきた11月9日の朝、**住まいの精霊さん**からメッセージがありました。テレビ放映の2日前のことです。

> **住まいの精霊さんからのメッセージ**
>
> 2003年11月9日(朝)
> 血液型の方位はO型の方(坤《ごん》・南西)、A型の方(巽《そん》・東南)、B型の方(乾《けん》・西北)、AB型の方(艮《ごん》・東北)です。血液型の方位を、朝に風水調整することにより、自分の開運を得ることができます。

住まいの精霊さんの協力により、なんとか放映に間に合い、オリジナルにあふれた開運風水による血液型の楽しい番組になりました。

これが、風水と血液型と方位を解いた開運法「**血液型による朝の風水精霊術**」です。日本の昔からのスピリチュアルの説で、血の流れには、祖先から受け継ぐ魄《ハク》という流れがあり、私たちの霊的オーラパワーとなって、私たちの開運や幸運と深く関係しています。風水と血液型占いは、血液型(A型・B型・AB型・O型)の個性に風水の八卦の性質を当てはめて、気の方位を合わせたものです。

血液型ごとに「全体運」「恋愛運」「風水調整」「飾る時の呪文」を説明します。「呪文」は**住まいの精霊さん**からの霊言《ことだま》です。朝、呪文を唱えながら飾り物をすると開運に良いです。

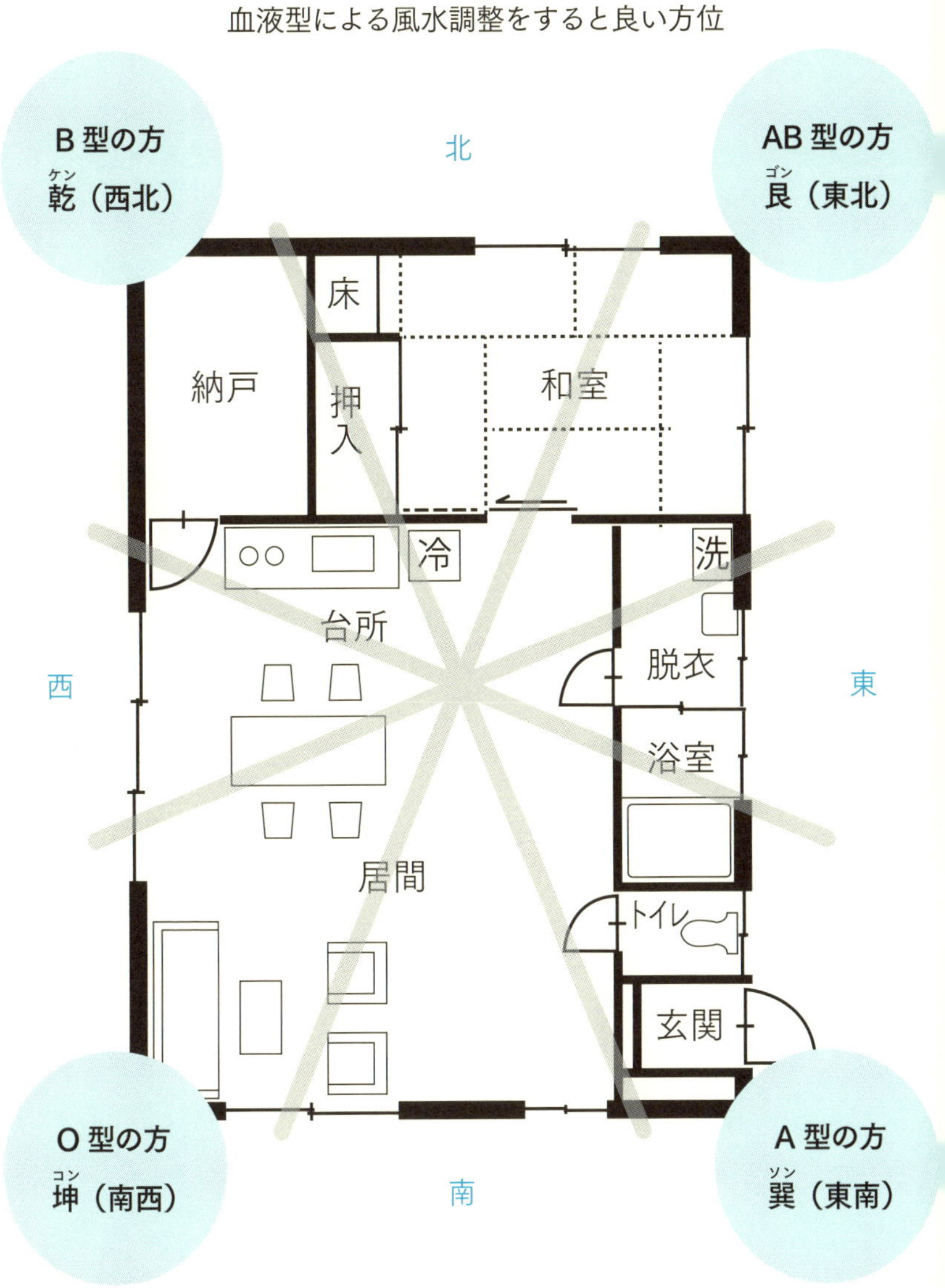
血液型による風水調整をすると良い方位
B型の方
乾《ケン》（西北）
北
AB型の方
艮《ゴン》（東北）
床
納戸
押入
和室
冷
洗
台所
脱衣
西
東
浴室
居間
トイレ
玄関
O型の方
坤《コン》（南西）
南
A型の方
巽《ソン》（東南）

O型の方

全体運＝母性本能が吉、表現力にやや乏しいので注意

恋愛運＝ロマンチックなムードが吉、好きでない人に関係しやすいので注意

風水調整＝木で作られた箱を、部屋の坤《コン》(南西)の方向に飾ると吉

飾る時の呪文＝「坤《コン》の風、清き血となれ、天の水」
南西に向かい唱える

A型の方

全体運＝調和を好むと吉、少々頑固になると注意

恋愛運＝古風な面があると吉、好みかどうか答えを急がせると注意

風水調整＝ガラスグッズを、巽《ソン》(東南)に飾ると吉

飾る時の呪文＝「巽《ソン》の風、清き血となれ、天の水」
東南に向かい唱える

Ｂ型の方

全体運＝社交上手が吉、個人プレーに注意

恋愛運＝形式に少々こだわると吉、プレイボーイ（ガール）になると注意

風水調整＝重みのある象や牛のグッズを、部屋の乾《ケン》（西北）の方向に飾ると吉

飾る時の呪文＝「乾《ケン》の風、清き血となれ、天の水」

西北に向かい唱える

ＡＢ型の方

全体運＝頭の切り替えが吉、二面性が強くでるので注意

恋愛運＝自分より精神性の高い人が吉、ストレートな口説きに注意

風水調整＝ペパーミントの香りを少々付けた木を、部屋の艮《ゴン》（東北）に飾ると吉

飾る時の呪文＝「艮《ゴン》の風、清き血となれ、天の水」

東北に向かい唱える

3 部屋隅の風水調整開運術

部屋の隅の風水浄化法と風水花オーラの開運法

2006年8月15日頃です。市内にあるマンションのTさん（女性の方）宅に風水鑑定をしたときのことです。

Tさんはカーネーションが好きで、部屋をカーネーションのオーラで満たしたいと私に話しました。私は鑑定後も花のオーラのことをいろいろ考えておりました。

その後、Bさん（男性の方）宅から、悪い霊のせいで、夜、悪夢で寝られないので、部屋の風水をみてほしいという連絡がありました。

Bさん宅は一般の木造の住宅でした。私は昔から伝わる悪霊を防ぐ方法で部屋を風水調整してみました。部屋の四隅に小皿で塩盛りを置き、風水調整をして部屋の浄化する方法です。その後、Ｂさん宅は悪い霊の影響が減少して、悪い夢は見なくなったそうです。
その後自宅にいますと、**住まいの精霊さん**の画像が頭に浮かびすぐ消えました。その時、**住まいの精霊さん**のメッセージがありました。

住まいの精霊さんからのメッセージ

花のオーラの開運のためには、部屋の浄化法と同じように、花を四隅に飾ればよい。

私はさっそくＴさん宅に連絡を取り、Ｔさんのマンションに出向きました。そして、部屋の四隅にカーネーションを飾りますと、部屋はカーネーションのオーラで満たされていくのを感じました。その後、Ｔさんは素敵なカーネーションの花の夢を見たそうです。

部屋の隅の風水浄化法

部屋に悪い念がこもるときや悪い夢を見たとき、また悪夢や悪い念に悩まされたときに有効とされています。

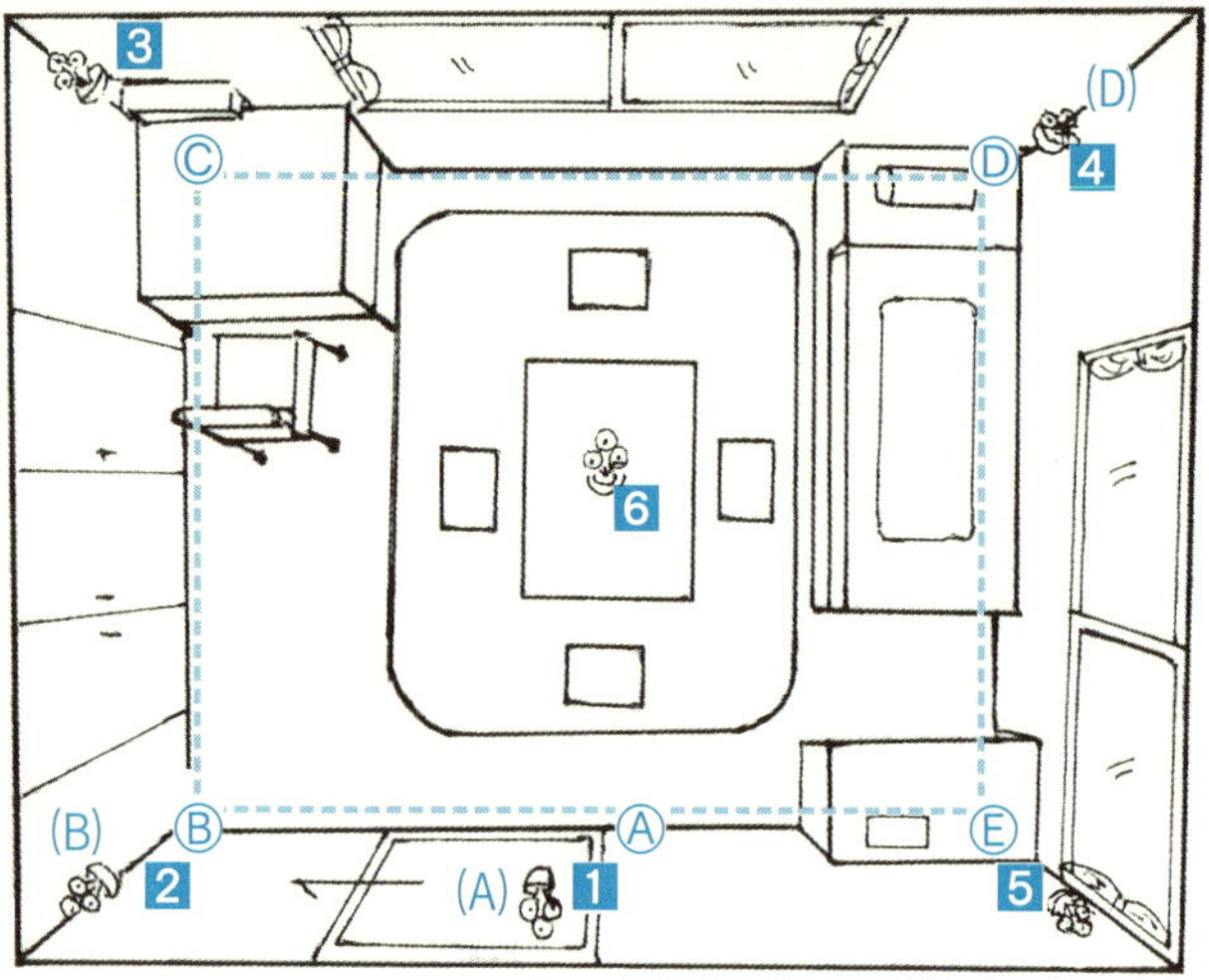

部屋の風水浄化法

①部屋と部屋の四隅を掃除します。
②小皿に塩盛りをして、御神酒と小さな水晶を塩と混ぜます。
③入口近くに小皿に塩盛りをしたものを床に置きます。
④入口より右回りにⒶ→Ⓑ→Ⓒ→Ⓓに床に置いていきます。
＊床に置けない場合は(A)や(B)のように入口のドアや壁などに落ちないようにしっかりと固定して飾ります。
塩盛りは月に2回取り替えます。
水晶はきれいな流水をあてて浄化し再度利用します。

風水花のオーラの開運法

自分の好きな花のオーラで満たしたいときの方法です。
ときとして、花の良い幸運の夢を見ることもあります。
また、花のオーラで開運に導きます。

①自分の好きな花を6本用意します。
②部屋と部屋の四隅をきれいに掃除します。
③入口より、右回りに小皿に塩盛りをします。
④自分の好きな花を、まずドアに飾ります1。
⑤入口より右回りに2、3、4、5の部屋の隅の壁に落ちないように固定し飾っていきます。
⑥そして最後部屋の中央か中央付近に飾ります6。
＊花は枯れそうになったらすぐ替えるようにします。

参考文献：『神法道術秘伝』（大宮司朗、八幡書店）

4 十二方位磁石による氏神神社の開運鑑定法

私の家の近くの「一の宮」である八幡神社には、いつも多くの参拝の人々が訪れます。

2007年の元旦、初詣の人たちでにぎわっていました。その中に一人の白装束の遍路さんのような方がいました。40歳ぐらいの女性の方です。

聞くと、「身内に体調の悪い人がいるので、健康に良い神様をお祭りしている神社を探して遠くからここに来ました」とのこと。一の宮だから神社の集合社なので、健康になる神様をいろいろとお祭りしているのではと思って訪れたそうです。実は、その方にも氏神社はあるのですが、無人社の古い神社で、何をお祭りしているのかわからないのだそうです。

近くの神社の開運や気の流れがわかれば、わざわざ遠くからここ一の宮にお詣りに来なくてもよいのに……。私はそう思いました。

私はその後、神社のオーラと気の関係を研究しました。

神社のオーラと交流して自分のオーラを活性化することや、風水で言うところの大地から気の立つ「龍穴」と神社の関係など、いろいろと研究や理解は進みますが、神社と風水の関係についての悩みも深まっていきました。

そんな2007年3月3日のお節句の朝のことです。**住まいの精霊さん**が現れました。**住まいの精霊さん**は、何をお祭りしているかわからない氏神社の**「神社の開運オーラの鑑定法」**をお伝えすると言い、私のまぶたに、氏神社の開運オーラの画像を見せ、私にやり方を伝えてくれました。

また、大地の気の流れの「象意《しょうい》」を知る法も画像で教えてくれました。

台湾や中国で活用する「輔星卦水法《ほせいかすいほう》」の二十四方位羅盤は日本では入手が難しいので、日本で比較的に入手の簡単な十二方位磁石を活用して大地の気の流れを鑑定する**「十二支輔星卦気流法」**でした。

住まいの精霊さんからのメッセージ

住まいの精霊さんは、元旦や3月3日など大切な日に、近くの氏神社で氏神社の精霊と出会い、近くの町の人々の開運を祈る思いのことを話し合い、人々を見守っています。

神社の開運オーラの鑑定法

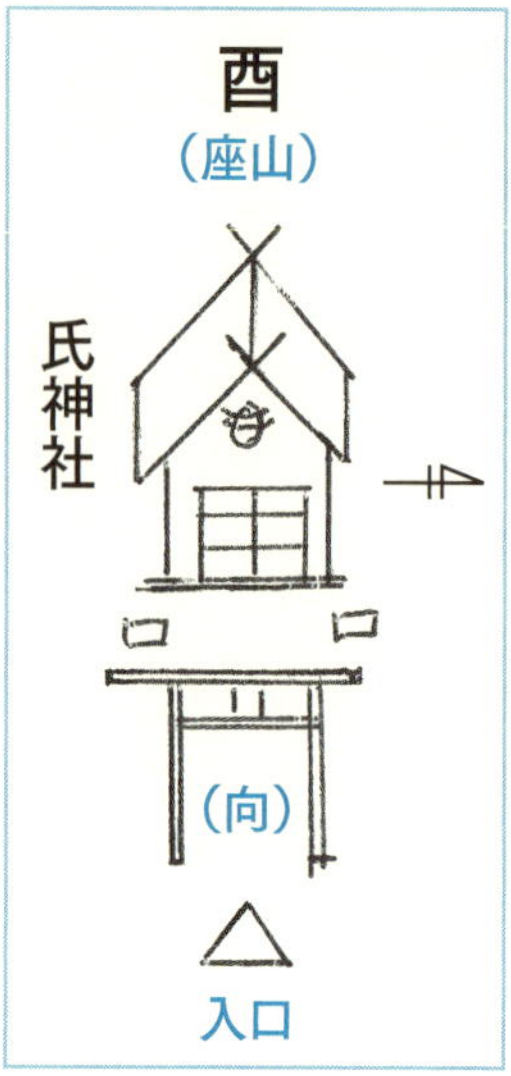

十二座山方位にある氏神様の開運オーラの性質(象意)

神社やパワースポットのオーラ(開運するオーラの種類)を調べる時は、簡単に入手できる「十二支方位磁石」を神社の入口に置いて座山を調べ、左ページの【座山方位表】に合わせて鑑定します。

上図のように「酉」が座山だと、神社の開運オーラは「酉座山の方位」で、次の座山方位表より名誉や高貴や官職の開運オーラがあり、公務的な方には良い開運オーラとなります。

この神社では、公務や事務的な仕事には良い気が出ている神社となります。

【座山方位表】

子《ね》座山の方位	神聖な方位で、神社や寺院などがその座山を取っていると、チャンスや優美の開運オーラがあります
丑《うし》座山の方位	神様や仏様と意味のある方位・開運オーラは、財運や金運を貯めると良い運を招くという開運オーラがあります（財や金運の神様かもしれません）
寅《とら》座山の方位	直感力や霊的力が与えられる方位、村や町の鬼門を守る開運オーラがあります
卯《う》座山の方位	開運オーラの強い方位、繁栄や高い位と縁結びのある開運オーラがある方位。また努力が認められるという開運オーラもあります
辰《たつ》座山の方位	財や金運にて真面目に取り組めば、いろいろな財運や金運を得ることのできる開運オーラがあります
巳《み》座山の方位	特に目立つ開運オーラはありませんが、この座山の方位にある神社は、自然界の四季の流れの開運オーラを人々に伝えるオーラの流れがあります
午《うま》座山の方位	午座山にある神社の開運オーラは、動きが早くなる開運オーラがありますが、浮き沈みのオーラもあるので少し注意が必要です
未《ひつじ》座山の方位	実質的な財に恵まれる開運オーラがあります。特に現実的なものに反応するオーラです
申《さる》座山の方位	少し開運オーラの弱いオーラ質を持つ方位です。パワーグッズなどがあると良い力を持つ開運オーラとなります
酉《とり》座山の方位	名誉や高貴や官職の開運オーラがあり、公務的な方には良いオーラとなります
戌《いぬ》座山の方位	不動産など土地に関して財を得る開運オーラがあります。家の内や外の気を合わせれば開運に恵まれます
亥《い》座山の方位	古代中国では、西北＝北極星の位置を示す亥方位が強い開運オーラの方位とされています。福徳や名誉や開運のオーラ質があります

風水十二支輔星卦《ほせいか》気流法

「十二支方位磁石」で神社（氏神社）の開運オーラの気の流れを鑑定する方法です。風水十二支輔星卦流法で神社やパワースポットからの気の流れを鑑定します。

氏神様の使いは自然界に住む精霊が氏神様からの伝えを持って家へ向かう感じです。

風水十二支輔星卦流法鑑定法

①自宅と神社を町内地図で調べ、自宅と神社の方位を調べます。

94ページの方法で氏神様の開運オーラの性質を調べ、氏神社から自宅までの気の流れをみます。

②家の入口の方位（向）を調べます。98ページのＡ表から該当する十二支の真下の本命卦を当てはめます。

③氏神社から流れる気の種類の性質をみます。

④99ページの**象意表**で開運を占い、氏神社から氏神様が使う精霊の道をみます。

【例１】
向＝卯、座山＝酉の家で
神社＝亥方位の場合

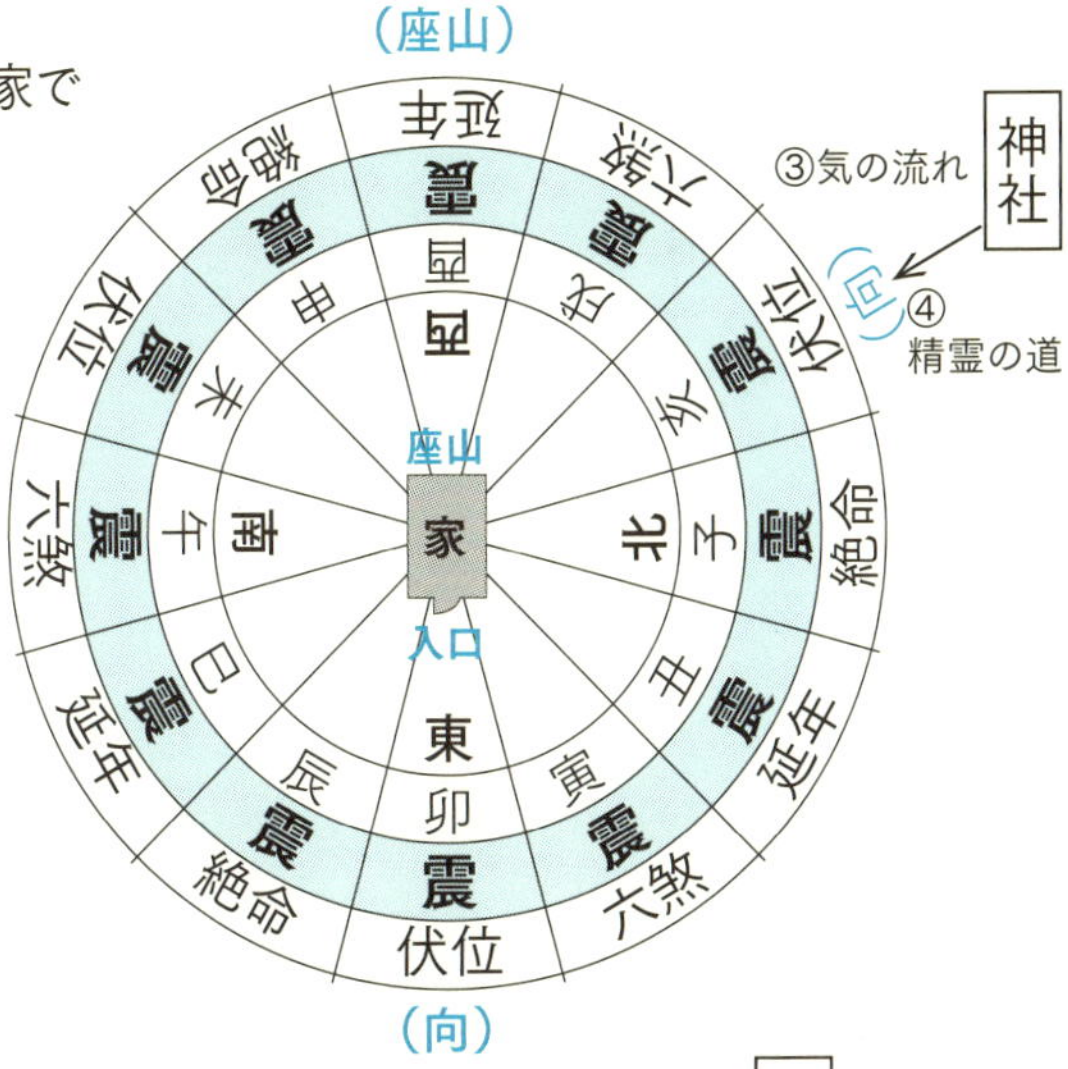

【例２】
向＝子、座山＝午の家で
神社＝未方位の場合

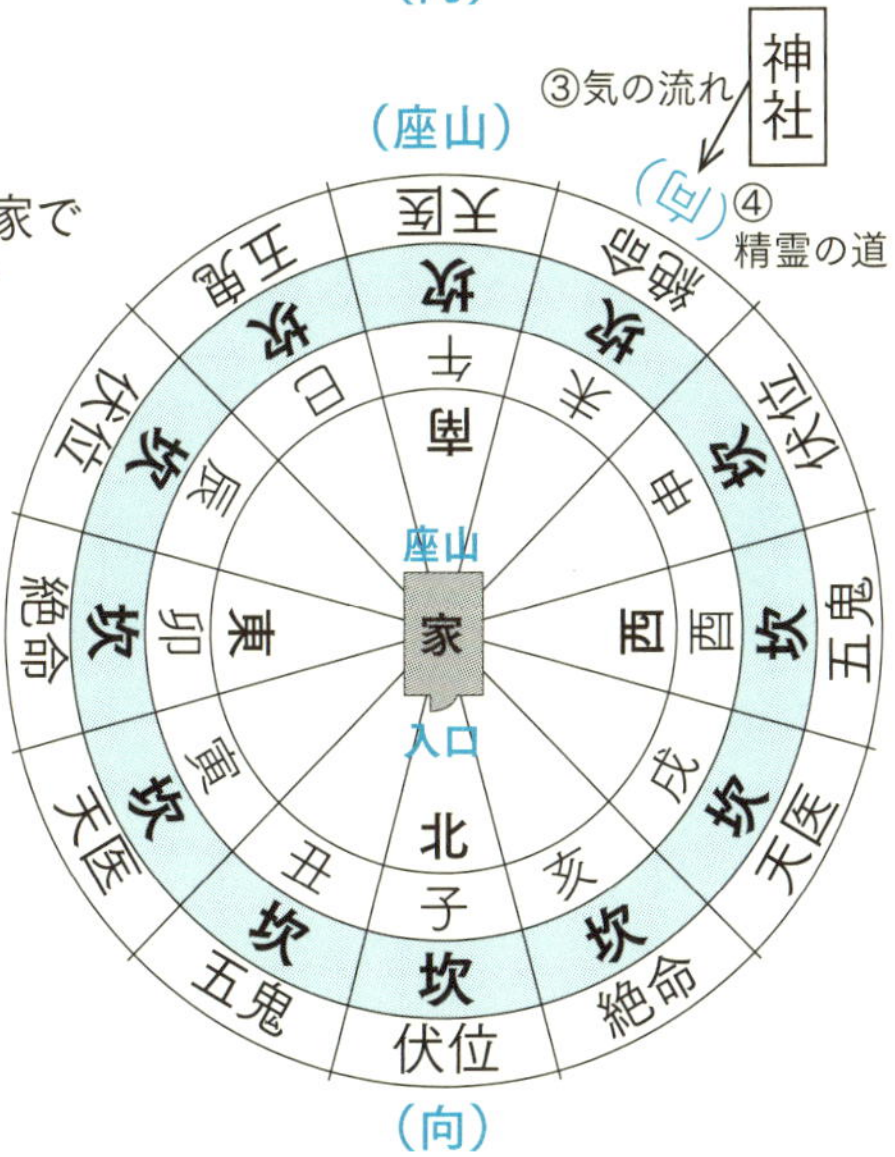

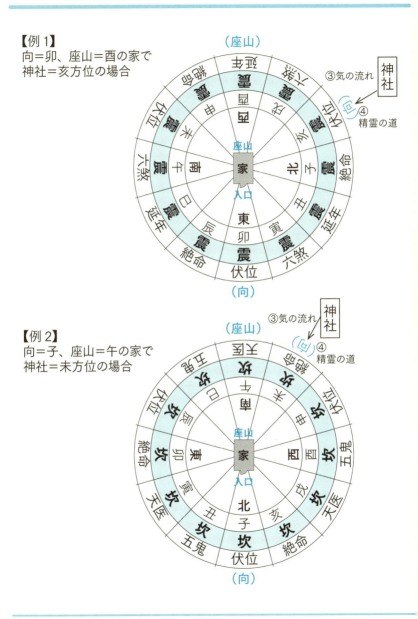

【例1】向＝卯、座山＝酉、神社＝亥方位

入口（向）＝卯なのでＡ表十二支［亥・卯・未］の真下の本命卦「震」を当てはめます。

家から神社を見ると「亥」方位なので、神社から来る運の気の流れは［伏位］となります。

【例2】向＝子、座山＝午、神社＝未方位

入口（向）＝子なのでＡ表十二支［申・子・辰］の真下の本命卦［坎］を当てはめます。

家から神社を見ると「未」方位なので、神社から来る運の気の流れは［絶命］となります。

Ａ表

象意＼十二支	寅・午・戌	申・子・辰	亥・卯・未	巳・酉・丑
伏位	離	坎	震	兌
延年	乾	坤	兌	震
絶命	巽	震	坎	坤
五鬼	艮	兌	坤	坎
生気	坤	乾	艮	巽
天医	坎	離	巽	艮
禍害	兌	艮	乾	離
六煞	震	巽	離	乾

【象意表】

生気	天医	延年	伏位	禍害	六殺	五鬼	絶命
生命力や積極性の開運の方位です。前向きな気持ちになり、自信のつく気の流れがあります	健康や生活のリズムを安定させ、地道な活動により、開運をもたらす気の流れがあります	人や物事を結びつけ調和させる気の流れがあります。強調性や思考力にも助けとなる気の流れもあります	自分の本来の能力を導く気の流れがあります。おだやかさや思いやりの出る気の流れもあります	雑事にふりまわされ、気落ちしてしまうことに注意してくれる気の流れがあります	見込み違いや小さなミスなどで信用を失うことに注意してくれる気の流れがあります	ストレスやいらだちで周囲と調和を乱し、対立など無意味な攻撃性を注意してくれる気の流れがあります	誤解で周囲から調和ができなくなり、誤解で周囲から攻撃されるのを注意してくれる気の流れがあります

※「禍害、六殺、五鬼、絶命」は氏神様からの流気の注意となりますので、気をつけると開運につながります。

参考文献：『土御門殿秘伝　家地相と科学』（藤田乾堂、天社土御門神道本庁陰陽学院）『秘伝風水講座』『風水師養成上級コース』（日本易学センター）

5 風水七福神の開運精霊術

２０１０年の8月の中旬のことです。市内にある住まいを風水鑑定をした方から、夕方ごろに連絡がありました。なぜか、少ししか風水調整の効果がないとのこと。

私は次の日にそのお住まいに風水調整の再チェックに行きました。住まいの風水調整には問題は見当たりません。各部屋の風水チェックを何度もしましたが、風水調整の効果のない原因がわかりません。

そのとき、古い七福神の弁財天の小さな木彫りの置物が、古風なタンスの上に置いてあるのが目に入りました。先祖から代々大切にしてきたそうです。ただ、住まいのことで霊的に変わったことといえば、お住まいの方は新しい宗教を信仰しているという話です。

問題と風水チェックが深まった8月20日の朝、**住まいの精霊さん**が現れ、「私は恵比須様の分霊と会い、良い開運術を聞いた」と言いました。それは「風水の七福神精霊術」でした。

私は次の日に、七福神の絵と輪切りにした切り株を持ってその住まいを再び訪れました。そのとき私はタンスの上に置いてある弁財天様がまた気になりました。何か不思議な感じが私を包みました。

私は神棚に目を向け木彫りの弁財天様を神棚に置きました。すると部屋のオーラが変わり、良い気が流れるのを感じました。

ご先祖様から受け継ぐ神品は信仰に値すると思いました。そして住まいの良いオーラや気の流れは住まいの人を開運へと導いて行きました。

住まいの人は後日に新宗教を辞め、ご先祖様の受け継ぐ七福神様の信仰をすることに決めたそうです。そのときは弁財天様による開運風水調整でしたが、七福神の七神様を使えば、もっと良い開運効果があったのかとも感じました。

住まいの精霊さんからのメッセージ

2010年8月20日（朝）

「風水の七福神精霊術」に協力してくれた神様は恵比須様です。恵比須様は七福神の中で唯一、日本の神様です。恵比須様には秘話があり、恵比須の「ス」は、神人「出口王仁三郎聖師」や古神道界の言霊では、中心や中央を表す伝えがあります。

七福神と宝船

七福神様は、日本の昔からの伝承で、室町時代から開運や幸運の縁起の良い神様として流行した7つの福神様です。

開運、幸運、寿運、健康運、恋愛運、商売運の希望の神様として国民の間で長く親しまれてきました。

新年の初夢の前に七福神様や七福神の乗った宝船の絵を枕の下に敷き、七福神や宝船の夢を見て開運を得る夢視法や、七福神を祭った神社やお寺にお詣りに行き開運を得る法もあります。

ご先祖様が生前長く信仰していますと、七福神から先祖へ開運オーラが宿ります。ご先祖様が亡くなった後でも住まいの方がそのオーラに気づくと、良い運に恵まれるそうです。

住まいの精霊さんからのメッセージ

2010年8月20日(朝)
室町時代の始め、七福神の恵比須様が籠目(かごめ)の仕組みで、インドから天三神、中国から寿三神＝計六神を日本に招きました。

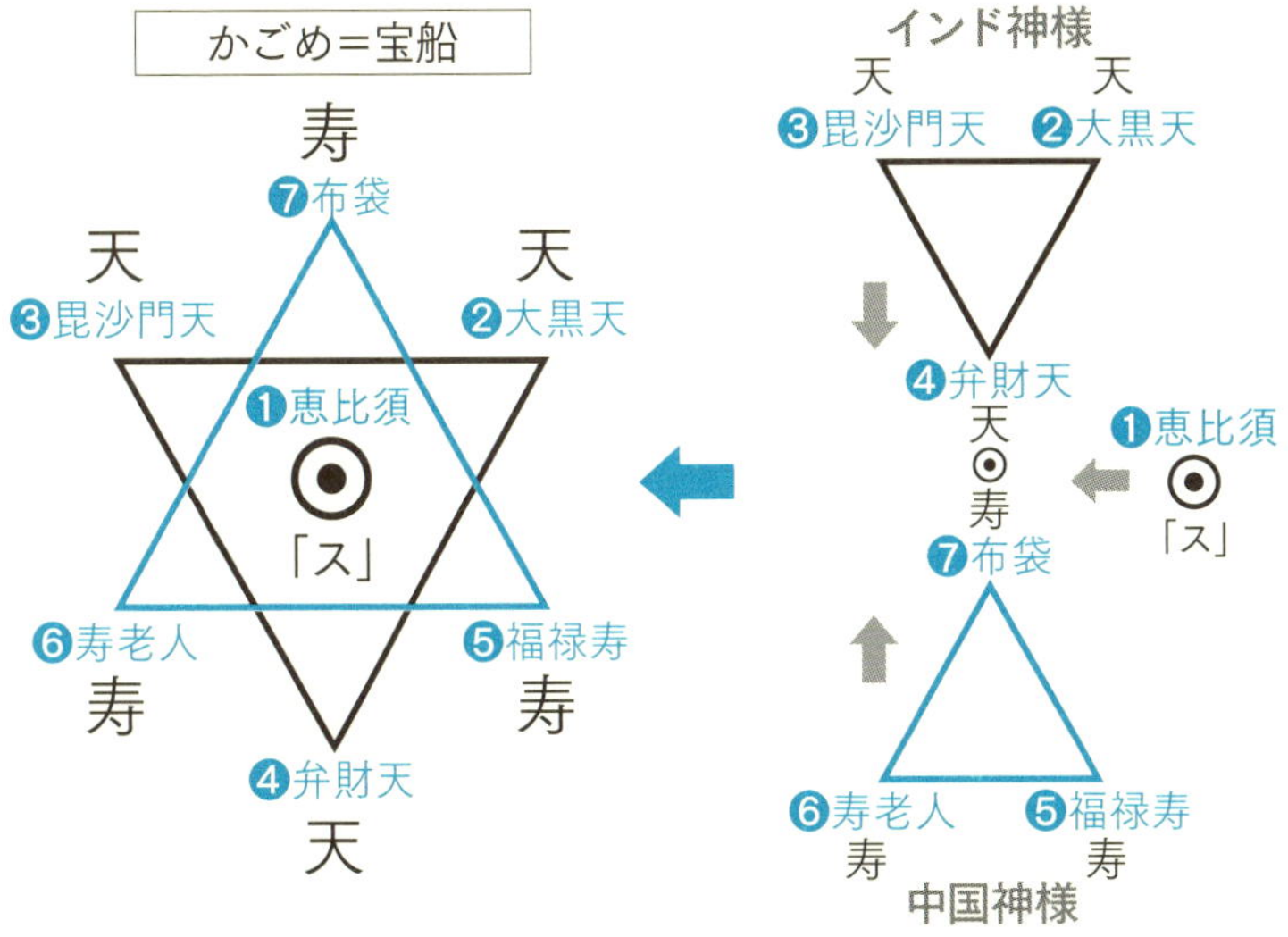

逆三角形（▽）の天三神は「天」の開運をあらわし、正三角形（△）の寿三神は「寿」の開運をあらわします。

逆三角形（▽）の天三神…❷大黒天、❸毘沙門天、❹弁財天

正三角形（△）の寿三神…❺福禄寿、❻寿老人、❼布袋

開運を招く縁起の良い逆三角形（▽）と正三角形の（△）を重ね「カゴメ（✡）」となり、❶恵比須様はそれを恵比須の「ス（須）＝⊙」で結んだそうです。

七福神で形成される「カゴメ（✡）」は七福神さんが乗った宝船を形図として示します。

風水七福神精霊術

七福神様のパワーで住まいを開運に導くおまじない法です。本誌では、一般の住まいでも活用できるように手直しをしてあります。縁起の良い七福神様の開運オーラが住まいの人を開運へと導いてくれると思います。

住まいの精霊さんから教えていただいたおまじないです。左ページの図のように木を輪切りにしたものに七福神様を飾り、106ページの図のようにドアを開けて見える面（坐山）に呪文を唱えながら飾ると良いです。

住まいの精霊さんからのメッセージ

2011年1月28日（朝）
輪切りの木に七福神様を飾って座山に飾ると開運になります。

●使用する輪切りの木材

輪切りの木材は、できれば縁のある自分の生まれた里の店が良いですが、無理な場合は住まい近くの木材店やホームセンターでも可です。手鏡ぐらいの大きさの木材を入手したら塩で浄めてから使用します。

おまじないの呪文

七つの星
七つの精霊
七つの幸福へ

七福神様の飾り方

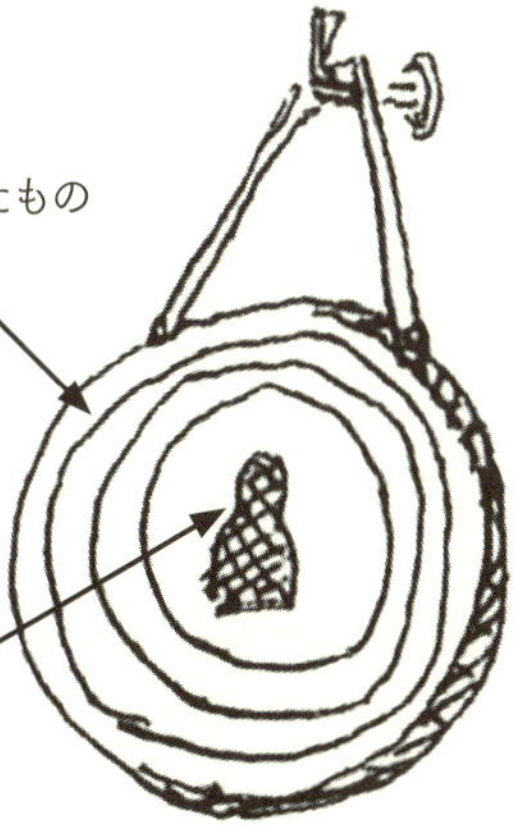

●使用する七福神様

七福神様の人形の入手が難しい時は絵や文字でも良いです。同じ福神人形が重なった場合は１つは人形に、１つは絵にするのも良いです。

●建物・部屋の座山

部屋の座山とは、部屋の入口から見て反対面の突き当たりの場所です。家など建物では、玄関入口の反対面の場所です。

七福神様❶〜❼について、

「縁起の良いいわれ」

「開運スピリチュアル効果」

「飾ると良い部屋」を紹介します。

開運の参考にしていただくと幸いです。

七福神様❶〜❼を飾る所

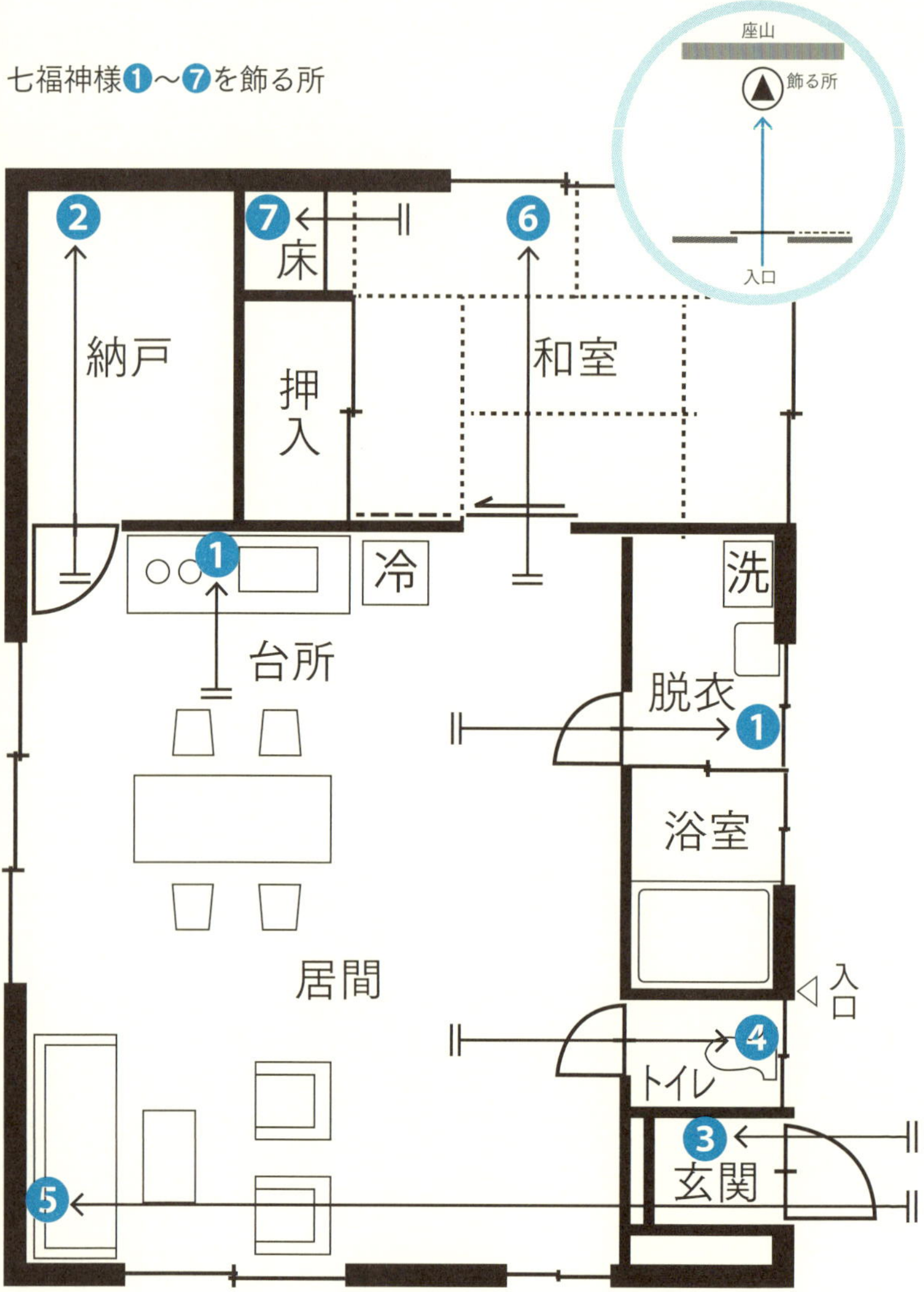

七福神の象意

	日本	インド神様＝天三神			中国神様＝寿三神		
	❶	❷	❸	❹	❺	❻	❼
福神	恵比須	大黒天	毘沙門天	弁財天	福禄寿	寿老人	布袋
象意	商売繁盛	豊作神	勝利神	智恵神	徳望神	長寿神	福徳神
祀る所(室)	台所（洗面、床）	納戸（床、大黒柱）	玄関	トイレ	居間	寝室、和室	床の間

日本神様

❶恵比須様

商売の神様ともされ、昔から商業取引市場に必ず恵比須様が祀られていることがあります。ある町や村では、毎月十日は恵比須講として商人がお祀りする風習もあります。

●**開運スピリチュアル効果**

商売繁盛と大漁の神様

清廉の心を特つ、正直

●**飾る部屋**＝台所、洗面、床の間

インド神様……天三神

❷大国天様

大国天の神様は、日本では「大国主神様」で、幸福の宝袋を担ぎ宝のツチを持っています。ツチは土を打って穀物を収穫する土＝鎚《つち》から宝を打ち出すの意味もあり、農作物の神、財福の神様からも来ています。

●開運スピリチュアル効果

農作物の神様　知足の心を持って福がくる

●飾る部屋＝納戸、床の間、大黒様（宮）

❸毘沙門天様

財宝富貴を司り、仏法を護特《ごとく》してくれる守護神とされます。また、自然世界の外圧からの守護とも言われ、金剛杵《こんごうしょ》という神秘的な武器を持って守護すると言われています。戦勝の神様として功徳もあるとも言われています。

●開運スピリチュアル効果

戦勝の神様　威厳を持つ、威光

●飾る部屋＝玄関

④弁財天様

学芸の女神様。美しい川の流れから淀みない音楽を連想させ、音楽や学問の女神様としても信仰が生まれました。また、水に関係し、海、岸、湖、河川や材運や金運の関係の縁もあります。

また、使いは、白蛇《はくじゃ》とされています。

●開運スピリチュアル効果

芸術と学問の財福の神様

愛敬《あいきょう》を振る舞う

●飾る部屋＝トイレ

中国神様……寿三神

⑤福縁寿様

人命を司どる南極星の化身とされています。その姿が南極老人の姿と一致して、泰山府君《たいざんふくん》をもって「福縁寿」という言い伝えもあります。威光を増加するとされ福寿星にして、縁《えん》の吉利もあるとされます。

●開運スピリチュアル効果

長寿と徳望の神様　人徳を持つ、人望

●飾る部屋＝居間

❻寿老人様

延命長寿の福縁の神様とされます。「福縁寿」と「寿老人」は同体異名を持ち、同じ開運や幸運の効果があるとされます。また、人の言葉を良く理解し良く話すとも言われています。

● 開運スピリチュアル効果

長寿の神様

長生きをする。長寿

● 飾る部屋＝寝室

❼布袋《ほてい》様

手に杖《うちわ》を持ち、寿の袋《ふくろ》を背負う。袋の中は生活の必需品に関係する宝が入っているそうで、満面の笑顔で人と接し、会話は愛話《あいわ》をもって話すとされています。福運、大量のご利益を授《さず》かるともされています。

● 開運スピリチュアル効果

福徳の神様

度量を持つ、大量

● 飾る部屋＝床の間

〔付録〕

1 恋愛・仕事の開運風水弁当

日本ののどかな畑を見ると、日本のスピリチュアルを感じます。厄除けや魔除けの開運の御守りにも五穀が使用されているのを見かけます。

日本で穫れた五穀「米・麦・粟・キビ・豆」は、日本の精霊の心を宿らせていて、五穀を収めている倉庫や住まいでは、台所の収納庫の付近で**住まいの精霊さん**を目撃することがよくあります。また、五穀の種にも**住まいの精霊さん**が訪れ、スピリチュアル的な開運のオーラを放っていると思います。

２００４年９月１日のことです。ローカルＴＶ局から、風水と弁当に関連する番組を制作して数日後に放映したいと連絡がありました。

私はさっそく風水開運弁当の研究を始めました。まず、五穀「米・麦・粟・キビ・豆」によって風水開運弁当のスピリチュアルを調べますが、なかなかまとまらず、五穀のまとめの開運の問題点やスピリチュアル効果に悩みと研究が深まりました。

放映が数日後に迫った9月8日の朝に**住まいの精霊さん**が現れ、「恋愛・仕事の開運風水弁当」の作成法を伝えてくれました。

そして、テレビ放映になんとか間に合い、とてもよい反響の番組となりました。

恋愛・仕事の開運風水のための食物には、「米・麦・あわ・きび・豆」の五穀が大切です。五穀の種は精霊の心が宿り、開運をもたらします。

この方法は、家庭にある食物を利用して、誰にでも簡単にできるもので、しかも驚くべき開運効果があります。注意すべき点は真心を込めて作ることです。なるべく自然のものを使い、浄化のために自然塩は必ず用いてください。

本書に掲載したのは、番組でよい反響のあったものです。開運の参考にしていただければ幸いと思っております。

恋愛開運弁当❶
恋愛の成功運に良い風水弁当

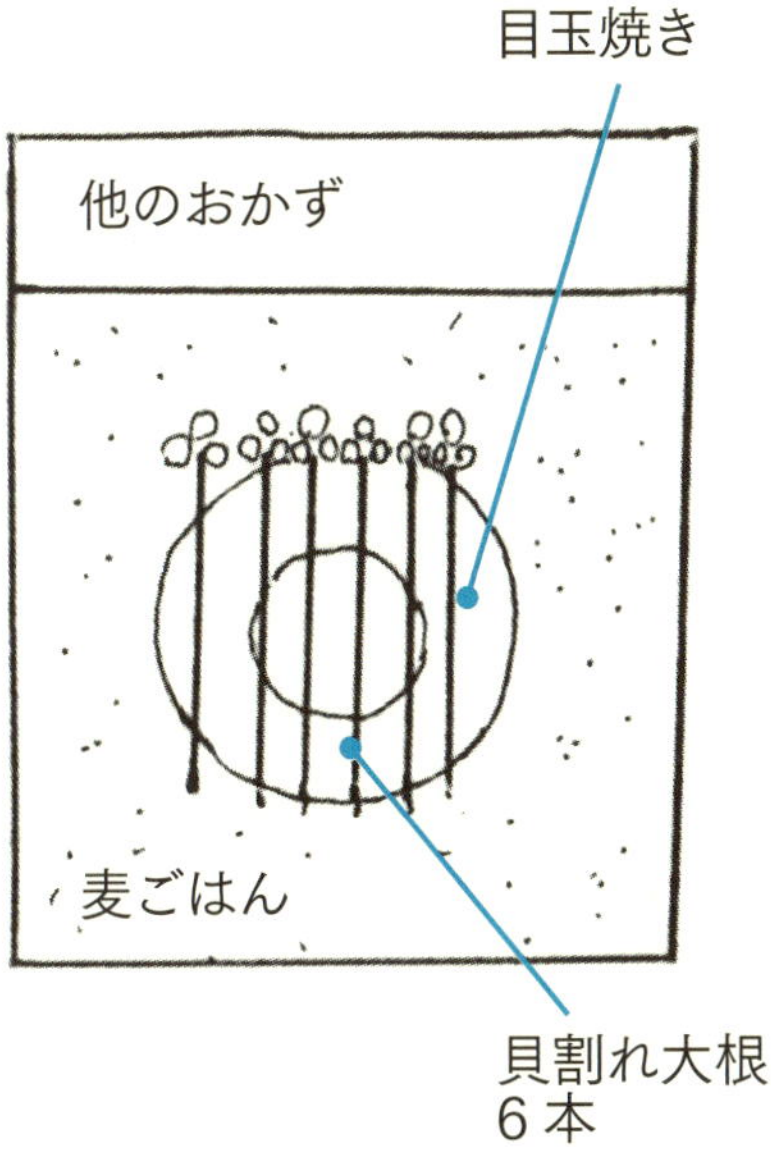

作り方

弁当の麦ごはんの上に、目玉焼きを乗せ、(貝割れ大根)を6本しきます。他のおかずに自分の好むおかずを飾ります。雑穀米でもよいです。

風水鑑定

目玉焼きは南をあらわし、パワフルを意味します。貝割れ大根の緑は、東南を示し、恋愛開運数で6本を示します。麦ごはんは成功運によいです。

恋愛開運弁当❷

恋人と連絡を取るのに良い風水弁当

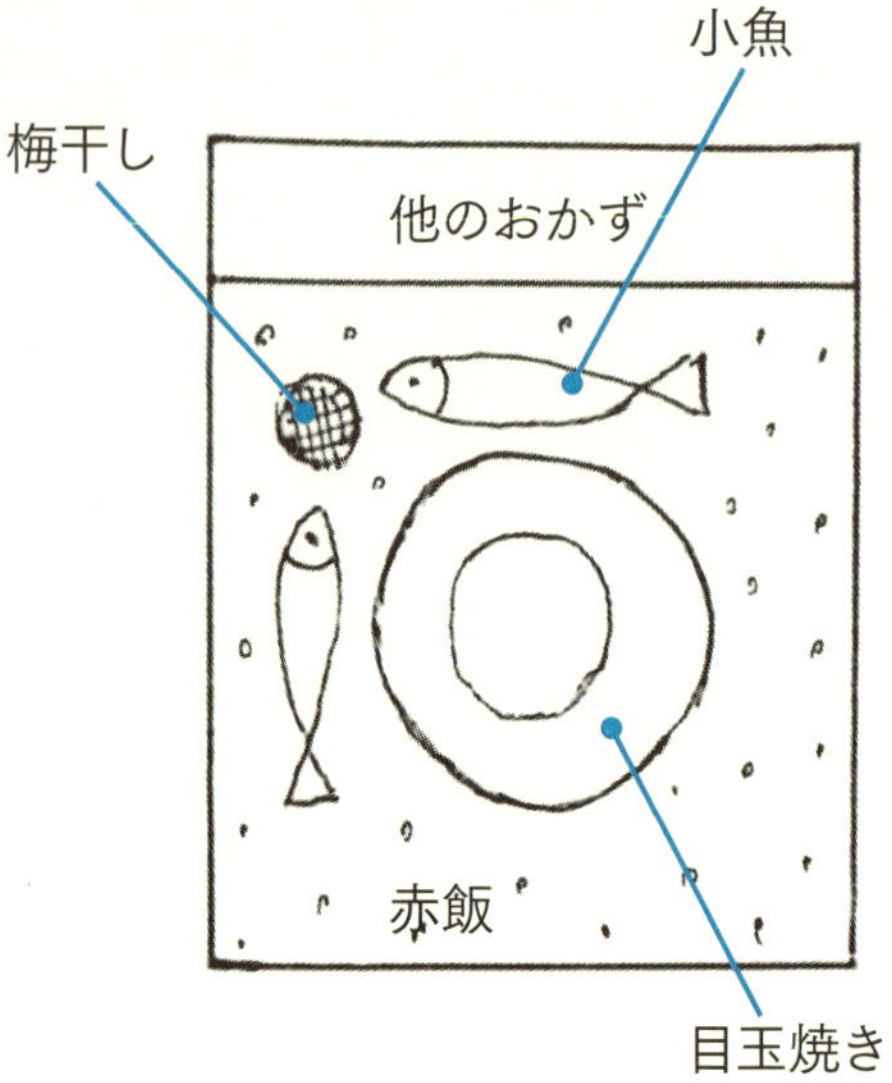

作り方

赤飯の上に目玉焼きを乗せ、小魚(目刺し)などを左に縦、上に横に飾り、顔を合わせるようにします。そして、連絡が取れるように祈りながら、梅干しを魚の顔と顔の中央に置きます。

風水鑑定

目玉焼きはパワフル、左上は西北をあらわし連絡の取るのに良い運があります。小魚のところに幸運の梅干しを祈りを込めて置くとよい気が入り、幸運を呼びます。

恋愛開運弁当❸
恋人との仲直りに良い風水弁当

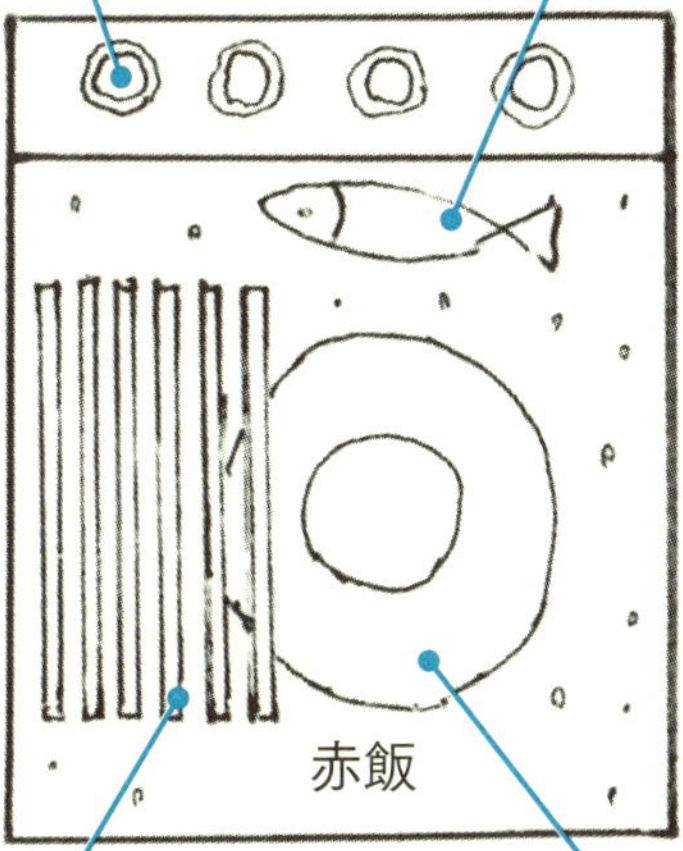

作り方

赤飯の上に、目玉焼きを乗せ、縦に6本ごぼうをスライスした物を飾ります。上のほうに小魚（目刺し）などを飾り、ほかのおかずのところに竹輪を4切れ入れます。

風水鑑定

左上は西北で、社交をあらわします。スライスした6本のごぼうは「土」をあらわし安定を示します。竹輪の4切れは、北をあらわし2人の仲直り運に良い気を導きます。

恋愛開運弁当❹

恋愛に疲れない風水弁当

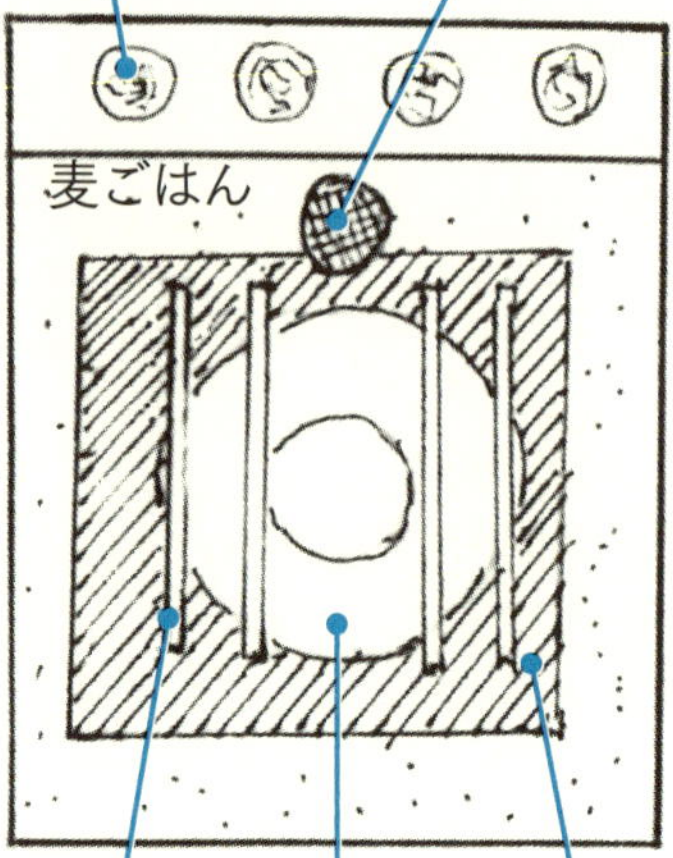

作り方

麦ごはんの上に、目玉焼きを乗せ、その下に焼き海苔を貼り付けます。その上にごぼうを縦に４切れ飾ります。他のおかずのところにミートボールを４つ置きます。梅干しを１つ飾ります。

風水鑑定

海苔は「土」で安定を示し、上にのせた目玉焼きは疲れないパワフル運を、縦にスライスした４つのごぼうと４つのミートボールは、幸運と開運の気を導きます。

恋愛開運弁当❺
浮気防止に良い風水弁当

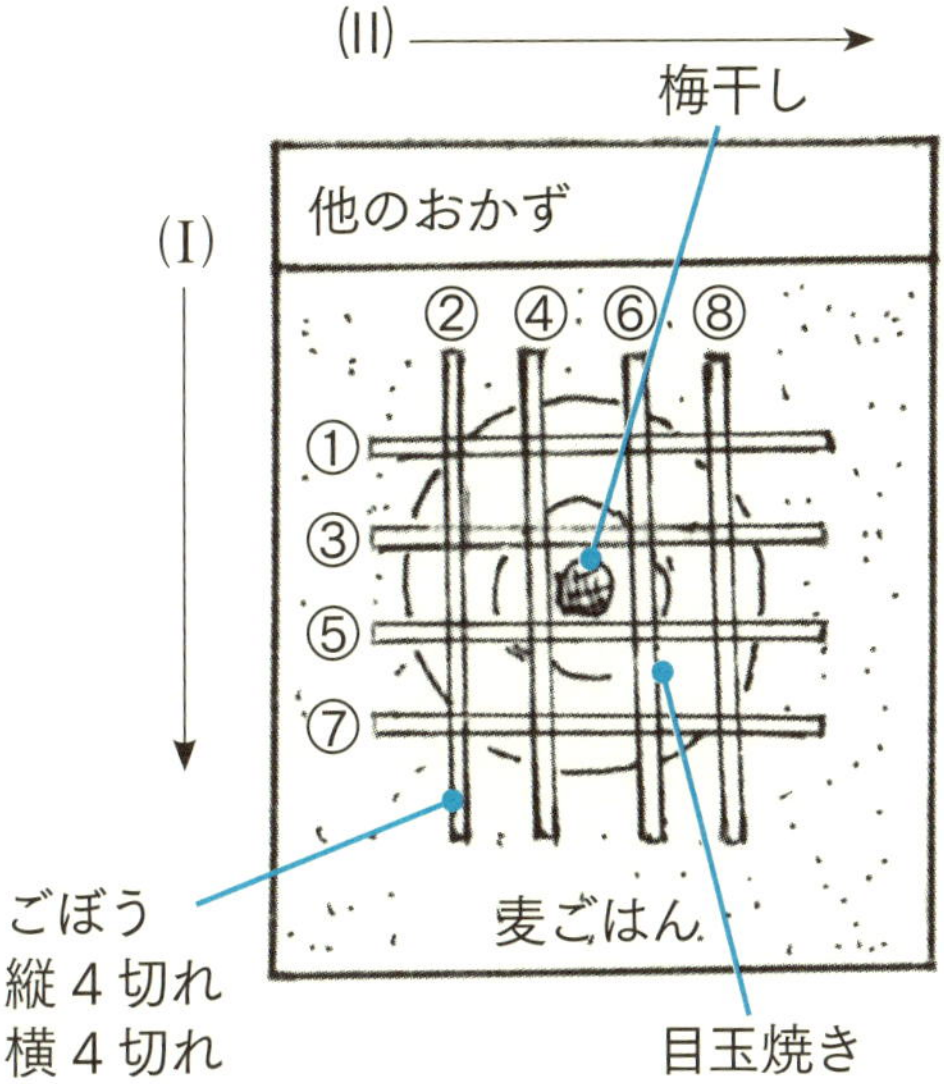

作り方

麦ごはんの上に、スライスした8本のごぼうを、図のような順番に、①リン②ビョウ③トウ④シャ⑤カイ⑥ジン⑦レツ⑧ザイと唱え、ゼンと一言唱えて梅干しを中央に置きます。その後に、目玉焼きをキュキュ、ニョリツレイと唱えて飾ります。

梅干しは仏壇か神棚にラップに包んで置いてから使うと良いです。

仕事開運弁当❶
仕事で開運になる風水弁当

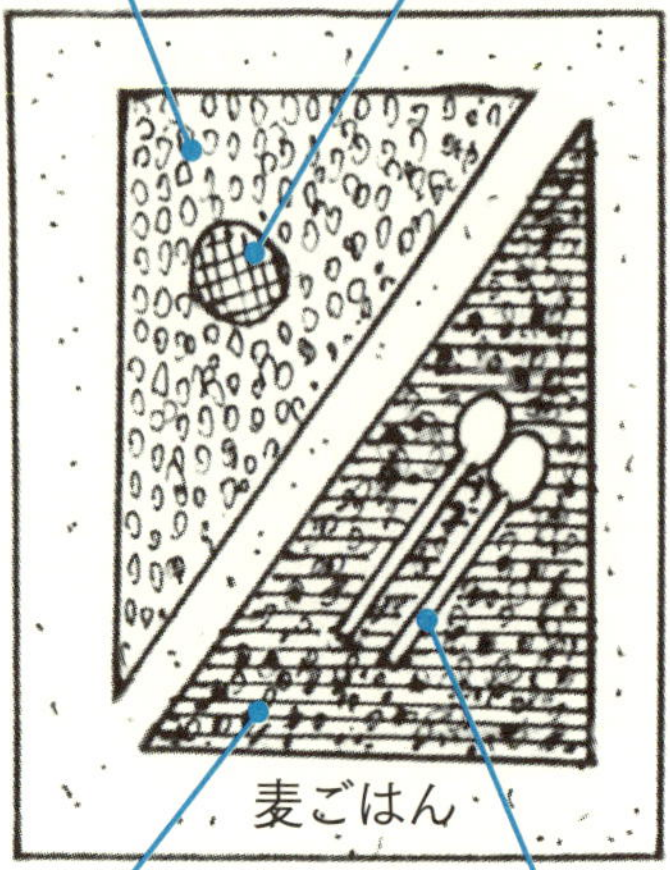

作り方

麦ごはんの上に、図のように左上に白ゴマ、右下に黒ゴマを三角形に塩と共に振りかけます。そして、白ゴマの上に梅干しを１つ置き、黒ゴマの上にアスパラガスを２本飾ります。

風水鑑定

白ゴマのところは、「陽」を示し、黒ゴマのところは「陰」を示します。また赤い梅干しと緑のアスパラガスの陰陽の気の導きで、仕事の開運の助けとなります。

仕事開運弁当❷
仕事で財運を招く風水弁当

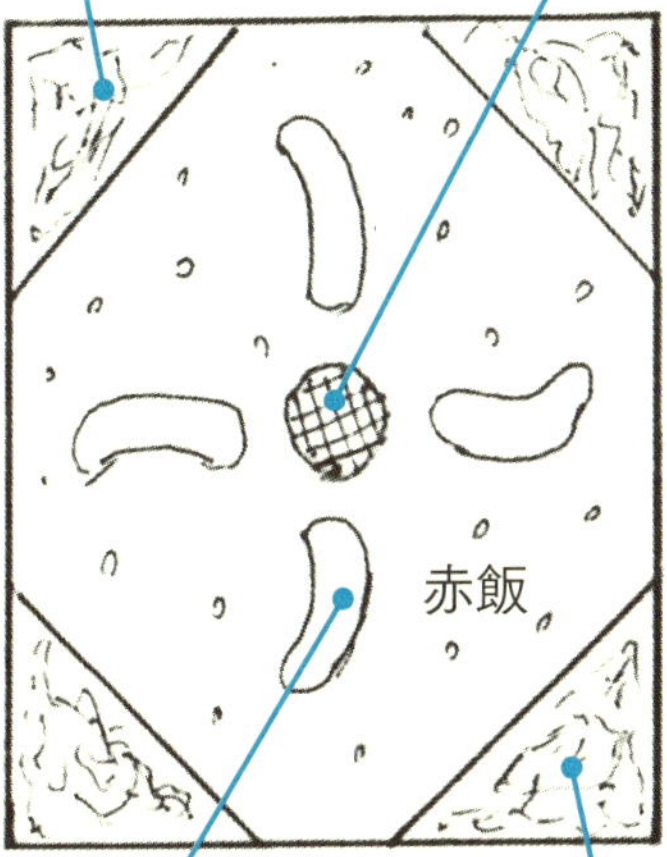

作り方

赤飯の上にウインナを十字に飾り、中に梅干しを1つ置きます、そして、図のように四隅にほうれん草を飾ります。ほかの野菜でもよいです。

風水鑑定

ウインナの十字は卍マンジをあらわし、赤飯から来る財運の力を導きます。中央の梅干しはその財運の安定を示します。野菜は健康運を示します。

仕事開運弁当❸
仕事の向上運を助ける風水弁当

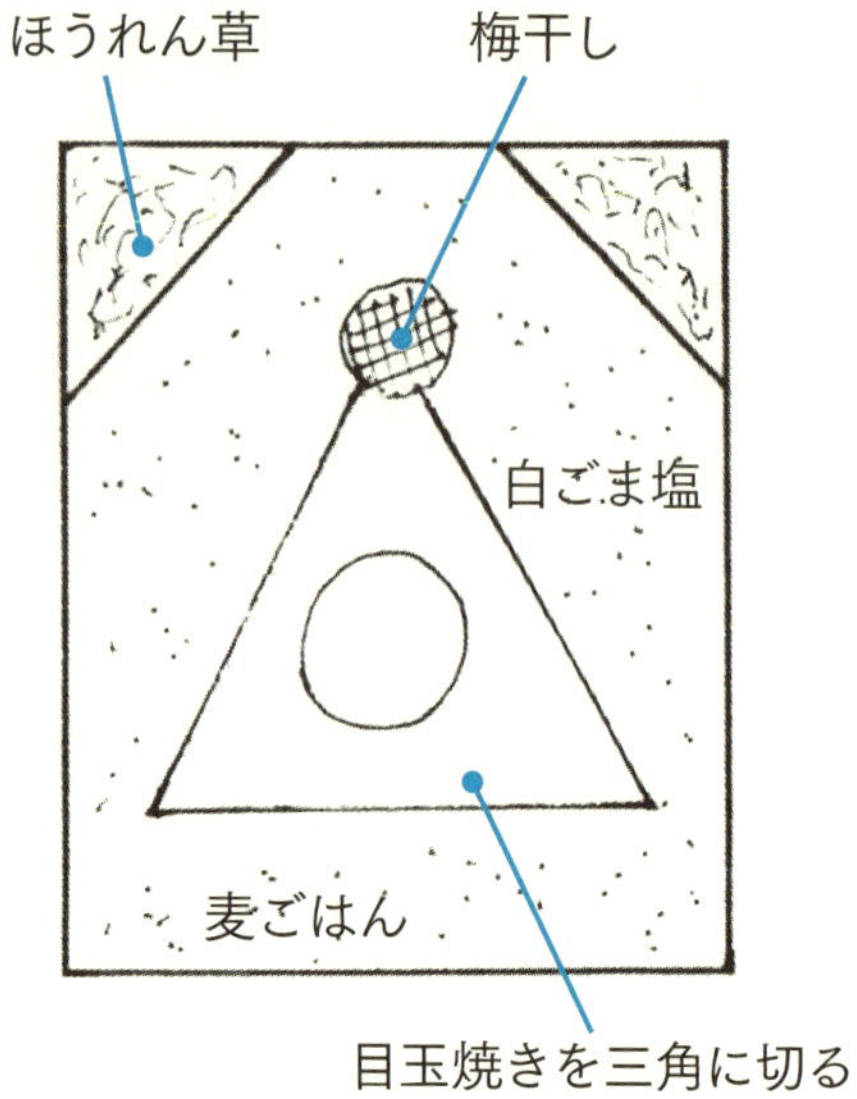

作り方

麦ごはんの上に、三角に切った目玉焼きを乗せます。そして上のほうに梅干しを置き、ほうれん草を角に飾ります。（ほかの野菜でもよいです）

風水鑑定

目玉焼きの三角形は向上をあらわし、梅干しはその向上運を助け、ほうれん草は仕事運の安定をあらわします。麦ごはんは財運をあらわします。

仕事開運弁当④
仕事の社交運に良い風水弁当

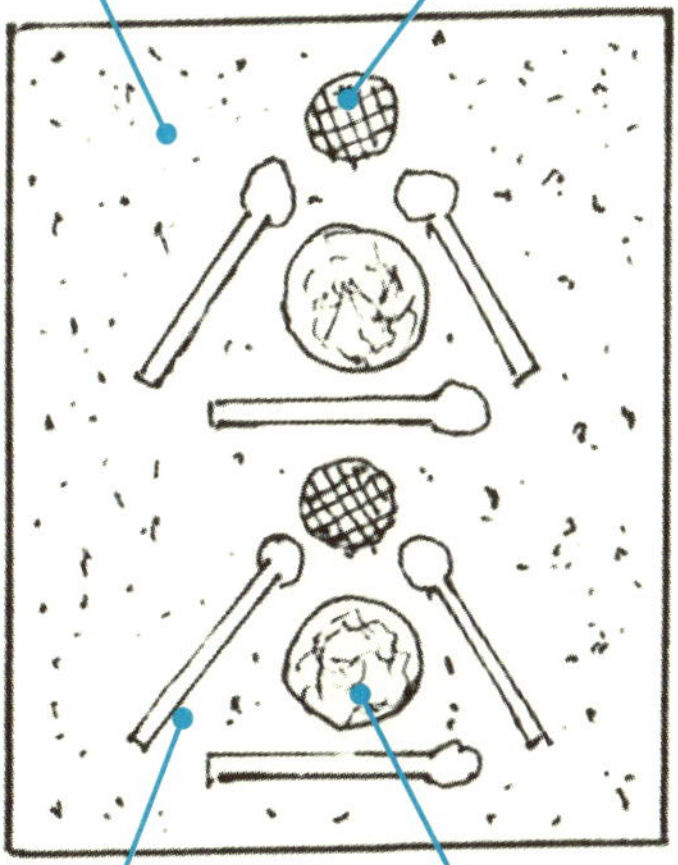

作り方

おかかをふりかけしたごはんの上に、図のように2つほうれん草かブロッコリーを置き、三角形に囲むようにアスパラガスを飾ります。雑穀米でもよいです。

風水鑑定

ブロッコリーかほうれん草を囲んだアスパラガスは、仕事の仲間との良い開運を導き、梅干しは社交の開運の向上をあらわします。

〔付録〕

2 風水ペットと住まいの精霊さん

犬や猫などペットを飼われている方が多いと思いますが、動物は超自然界とつながっていて、**住まいの精霊さん**と密接な関係があります。

たとえば、よくない霊的な存在がいる家があるとします。その場合、風水調整をしたほうがよいのですが、できるのであれば犬や猫を飼われるのもよい方法です。

犬や猫は**住まいの精霊さん**と直接コンタクトして、可愛がってくれる飼い主さんを守るように取り計らってくれるのです。犬や猫の毛が逆毛だっていて唸りながら部屋のあちらこちらを歩き回っているときは、その家の悪いものに警戒しています。そして飼い主さんのために自分の匂いを家中にマーキングして**住まいの精霊さん**にお知らせしているのです。最初は家の人にもあまり慣れないかもしれませんが、動物たちは自分の新しい家で、自分が責任をもって飼い主さんを守るのだと使命のように思っているのです。

大事に大事に、愛情深く育ててください。素晴らしい人生になることでしょう。

後記

『風水と住まいの精霊開運法』はいかがでしたでしょうか？

住まいの精霊さんはオーブ（霊光玉）ですが、写真が撮れず、失敗に終わったことが残念です。**住まいの精霊さん**の話では、画像を発表すると画像を通していろいろな波動念が出るので良くないのだそうで、皆様にお見せするのが難しい状況でした。

住まいの精霊さんのメッセージでは、今の日本では、母国のお米など五穀を大切にして欲しいそうです。お米など五穀は、「種子」であり、その国の精霊の気が宿るそうです。日本が開運や幸運の時代は、母国のお米など五穀が強かった時代でもあったそうです。

また精霊は四季の中にも多く存在しています。「春・夏・秋・冬」の季節をどうぞ大切にしていただきたいと思います。

最後になりますが、度重なる修正にご対応下さったナチュラルスピリットの今井社長様、編集スタッフの皆さま、有難うございました。この本を手に取って下さった皆様に感謝いたします。

塩田　久佳

解説

門末　古川　陽明（霊学私塾「御影舎」主宰）

この本の著者塩田久佳（久佳と書いて「きよし」と読む）先生は、私の風水と神仙道の師であり、私は二十代の時に仙縁あって塩田先生の元に入門し、それ以来弟子として御教を受けてきた。

本来であれば著者である塩田先生の後記で終わるのであるが、実は塩田先生は平成二十八年一月三日に急逝なされたので、不肖ながら私が塩田先生の弟子を代表して、この『風水と住まいの精霊開運法』の解説を書く事となった。

塩田先生は呪術的素養の高い土地である高知県出身で、この本の中でも語られているように幼い時から様々な神秘体験を重ねられたが、その原体験こそがこの本で語られる精霊との出会いであった。

十六歳の時には五台山にあった旧宮地神仙道本部に入門し、第四代斎主であった清水宗徳先生より孫のように可愛がられ、親しく神仙道を学ばれた。清水先生には子供がいなかったのもあったのか、孫のように年の離れた塩田少年が自転車を必死に漕いで五台山に来ると、とても喜ばれて重秘の神仙道の伝法を次々と無償で塩田少年に伝授するので、台所を預かる清水先生の奥様があまり良い顔をなさらなかったが、もう晩年であった清水先生は塩田少年の成長を待つことはできないと悟り、法を絶やさない為に急いで伝授を重ねたのであろう。実際に神仙道本部では、最初から千人の門弟を取った時に門を閉じると神仙との誓約で決まっていたのだが、塩田先生はその九百九十九番目の弟子であった。

その後、大学生の時には、秋山眞人氏などのＵＦＯコンタクティーなどと交友を重ねられ、型にはまったような神道とは違う道を模索され、古今東西の様々な研究者などから色々な事を学ばれた。

建築士として建築設計の生業の傍ら、台湾や香港などから様々な流派の原著を大量に取り寄せて、独自に研究した風水を追求し、その後は広島に移られて、建築士だけでなく、風水研究家、風水鑑定士として様々な活躍をなされていた。

そして神仙道の他にも、高知県の物部村に伝わる秘伝呪術として名高い「いざなぎ流神道」の太夫より、いざなぎ流の貴重な祈祷法を学び、古神道や神仙道にいざなぎ流を加えた独自の風水観を作り上げて行かれた。その成果がこの精霊風水の本である。

此度の塩田先生の帰幽の仕方も、やはり神仙道の道士の独自の典型的な帰幽であり、尸解（しか、と読む）という神仙道や道教で仙人が肉体を捨てて、速やかに魂を神仙界に戻す特別な帰幽であった。

私は塩田先生が急逝なさった事を、この本の出版元である太玄社の今井社長よりメールで知らされ、その直後に奥様と電話でお話をして詳細を伺ったのだが、私自身が実は塩田先生が急逝される数日前から、今年は久々に広島にお邪魔して、神仙道のある伝法を改めて伝授頂こうと思いずっと塩田先生の事を考えていて、また今年は風水に力を入れようと考えていた。正月のご挨拶も塩田先生の方からメッセージを何度も頂いていたし、いつも私は親しい人が亡くなった時は夢に見たりするが、今回の塩田先生の帰幽はあまり感じられなかった。

塩田先生の奥様より、塩田先生が帰幽される寸前まで元気で、「スターピープル」誌の私の連載をご夫婦でお読みになられ、私の事を嬉しそうに話されていたことなどをお聴きし、また出版間近だったこの本のことなどを楽しみになさっていたことなどをお聴きし、その直後眠るように帰幽されたとお聴きした時に私が最初に思ったのは、明治天皇の宮中掌典であり宮地神仙道の第二代の宮地厳夫先生の著作「本朝神仙紀伝」中の明治の神仙「河野至道」仙人の帰幽の記述と全く同じだなと思い、実際に奥様に医者が言ったには「一切苦しまずに一瞬で亡くなられていて、こんな安らかなお顔の方は見たことがない」とのことであり、流石は神仙道の道士だと感動した。

塩田先生はとても優しく高潔なお人柄で、数々の神仙道の伝法をして頂いたが、一切御礼を要求される事は無かった。それは御自身が清水先生に無償で伝法を受けたからであろうが、それはそれとして私の方が気を遣い、何か伝法をして頂くと、こちらから心ばかりの贈り物をして、ようやく受け取って頂けるような方であった。

奥様との電話を切った後に、すぐに神仙道の幽魂安鎮秘詞を神前で奏上して塩田先生のご冥福を祈ったが、秘詞を奏上した途端、すぐに塩田先生が笑顔の姿で私の目前に浮かび、そのまま秘詞を奏上し終えるとすぐに神仙界に上がられていった。

普通の方が亡くなられた場合、このようにすぐに天界に帰られる事はまず無く、五十日位はこの世とあの世の境目の世界にいて、自分の葬儀を自分自身で見ていたり、葬儀の後には家族と共に家に戻り家族たちを見ていたりしている。その後にその土地の神である産土神社の神や神使が迎えにきて、その方の祖先のいる霊界に連れて行く。

また、良くない死に方をした場合は、とても苦しい顔で家族や供養する者の目の前に現れて助けを求めてくるので、何度も慰霊や供養を行ない、ようやくその所縁の霊界に行くことができる。

塩田先生の清々しい霊姿を見たので、やはり神仙道の修行を修められたので、神仙界に直行されたのだと思い、私がその後も塩田先生が帰幽されたとは思え無いのも、今、既に神仙となって日夜あの世とこの世でお働きになっているからであろう。

それから数週間して、塩田先生の奥様から電話を頂いたのだが、塩田先生の奥様が言うには、先日夢に塩田先生が現れたが、その姿はまるで陰陽師や神主のような衣冠束帯の姿で現れたので、奥様は塩田先生が帰幽されていることよりも、その高貴なお姿に驚かれ、「そんな高い着物を着ていたらクリーニング代が高くつくよ」と言ったところ、塩田先生は「こっちの世界（神仙界）ではこういう服装が普通なのだよ」と笑って答えられた。それも当然のことで、神仙道の修行を修えて神仙界に帰ったということは、つまり塩田先生が新米の神仙になったということであり、日本の神仙になるからにはやはり神様や神主のような衣冠束帯の姿になる。

余談だが、私も夢中脱魂（神仙道の神術で行なう一種の幽体離脱の事）して、神仙界に入ると、神主と同じ白い浄衣姿になる。私はまだ修行が途中なので、神仙界では童子姿つまり子供の体になってしまうのだが、宮地水位先生を初めとする所縁の神仙はやはり衣冠束帯姿である、厳密に言うと神職だと本来黒色の冠が金色の冠になっていたりして、現界の神職などとは少し違っている。

実はこの本は、精霊風水の本を出版したいという塩田先生の意向を受けて、私が塩田先生の原稿を今井社長にお渡し、その結果今井社長の決定で出版化される事になったという経緯があったのだが、今まで出版まで苦労なさっていたのもあり塩田先生はこの本が出版される事をとても楽しみになさっておられ、帰幽されるその日にもスターピープル誌を見ながら、私の助力でこの本が出せることをとても喜んでおられたという事を奥様よりお聴きし、師恩の万分の一でも報恩できたかもしれないと弟子として安堵していたが、しかし残念ながら塩田先生はこの本の出版を見ることなく、この世を去られてしまった。

私が今日、古神道や神仙道の一端を語る事ができるのも、十数年前に塩田先生より「神仙道の教えられる事は全てを教えた、今度は貴方が神仙道を志のある人に伝えていって欲しい」と言う御言葉を頂いたからである。不肖の身ではあるが、師命を尊び、ごく限られた人にだけではあるが、神縁のある方に、道を伝えていこうと思っている。

この本の内容であるが、古今独歩の内容であり、非才の身で解説をするのも憚られるのであるが、塩田先生は天才肌の人であり、優しく書いておられるがその実その内容はとても奥深い秘伝や奥義があちこちに散りばめられていて、少し気をつけて読めば、宝の山のような白眉の書である。

風水には、大きく分ければ巒頭派と理気派の2つがある。また主に家相を見る陽宅風水と主にお墓を見る陰宅風水があるが、この本は陽宅風水である。但し、いわゆる台湾や香港などの風水とは違う独特の風水となっており、風水を深く知る人もそうでない人も奇異な感じを受けるであろうが、著者の塩田先生は、玄空飛星派や八宅派や三元派や三合派や遁甲派など、たくさんの風水の流派を熟知されていたが、それをそのまま使うのではなく、住まいの精霊という言わば家の気の象徴であり、一種の神に近い存在として既視化する事で、よりわかりやすく風水を読み取り、また活用して幸福へと導かれている。

難しい用語や術法などは敢えて使わずに、精霊（霊光玉）と仲良くする事で風水を良くする方法を簡単に説明してあり、住まいの精霊さんという存在によってよりわかりやすく風水の家の気の流れがわかる仕組みになっている。

驚くべきなのはただ単に気を感じるというだけではなく、五感によってさまざまに風水を良くする方法まで示してあることだ。これなどは一流の風水師の秘伝中の秘伝であろうが、塩田先生は至極簡単に書いておられる。

この住まいの精霊さんというのは座敷童と同じとされ、それだけではなく神社や神棚なども住まいの精霊さんとつながっているとしていて、神社や神棚や宇宙までもとつながる方法が明示してある本というのは、滅多にお目にかかれない。

住まいの精霊さんという存在は、塩田先生の説明では霊的な光の玉、つまりオーブとしては現れるが、その光の玉がいわゆる如意法珠の形になり、そして座敷童のような姿になる。この住まいの精霊さんはその家に住む家族を守り、時には神棚を通じて現れる屋敷神のような存在でもある。もしそうした存在とコンタクトできたなら、風水の鑑定は非常に楽になり、精度は高まるので、風水師こそこの本の真の価値を理解するだろう。

また、塩田先生は建築士であったゆえに、有機物の建物と無機物の建物との違いや、建築方法の違いなどまで言及しておられるのは風水を学ぶ者にとっては、実際の鑑定時に非常に役に立つであろう。

氏神と引越しの関係や、春夏秋冬の四季の精霊といざなぎ流祈祷の祭文、また五穀によるお守りの作り方まで書いてあるのには、本当に驚いた。いざなぎ流の祭文やみしめなどは、知る人も少なく、それを活用できる人など皆無であるが、塩田先生は誰にでもそれらの秘伝を簡単に使えるようにしてくださっている。

他にも、塩や酒を使った部屋の浄化法や、花を使った部屋の浄化法なども簡単だが、場を浄化するのにとても効果がある。

宇宙の精霊（天の気）や、氏神の精霊（地の気）や、住まいの精霊（家＝人の気）を感じ、それらの精霊に働きかけて住まいの気を良くしていく方法は、家の気だけでなく、その人の人生までも良くしていくだろう。

特に私がお勧めしたいのは、風水七福神の開運術である。この七福神というものは、インド中国日本の福の神が全て集まったとても力の強いものであるので、本書の記載を良く読み、是非活用いただきたい。

この本の最後には開運風水弁当まであって、日々楽しく良い気を取り入れる方法まで明示してあって、塩田先生の工夫の広さに驚くばかりである。

この本は、我が師であり、類まれなる古今独歩の風水師であった塩田久佳先生の最初で最期の著作であり、神仙となられた塩田先生の魂が籠められた白眉の霊著である。この本を手に取られる皆様の道福をお喜びし、そして、この本が出版された日には、塩田先生の霊前に本書を捧げて、塩田先生の御冥福を心より御祈りしたいと思う。

平成二十八年三月二日

宮地水位大霊寿真百十二年祭の日に

【著者紹介】

塩田久佳（しおた きよし）

風水＆住まいの精霊さん鑑定士。２級建築士。宮地神仙道士。高知県出身。広島に在住し、「風水精霊設計研究所」スピリチュアルホーム精霊研究家として活躍。2016年1月3日逝去。

幼い時から精霊的な体験をする。建築の大学時より心霊研究家やＵＦＯコンタクティーから多くのスピリチュアルを学び、いろいろな宇宙人コンタクティーに教えを得る。その後、建築設計の傍ら、風水研究家、風水鑑定士として活動。風水羅盤や風水尺、風水陽宅の本により多様な風水の流派を研究し、風水鑑定に活用。また、高知県の「いざなぎ流神道」や「神仙道」の師と出会い、住まいの精霊、氏神社の精霊、自然界の精霊界の秘儀について教えをいただく。さらに、宇宙の精霊との通信コンタクトにも至り、住まいの精霊、氏神社の精霊とのコンタクトも含め、スピリチュアルホームの秘儀を学ぶ。

風水鑑宅やオリジナルの「住まいの精霊さん」鑑定、風水御守り作成のほか、住宅不動産の月刊誌に風水12か月占いを掲載、住宅展示場での風水鑑定、風水鑑定士としてＴＶ番組や風水セミナーなど多くのイベントへの出演など。本書が初著書となった。

【解説者紹介】

御影舎主 古川陽明（みかげのやあるじ　ふるかわ ようめい）

神職。宮地神仙道士。少壮より神秘主義の研究・実践に没頭、その博覧強記ぶりはジャンルを問わず西洋魔術から密教まで幅広く、特に古神道霊学、宮地神仙道、占術では紫微斗数、奇門遁甲、六壬などに通暁する。また分裂した宮地神仙道の断絶を憂いてその保持に努め、先般、2500日にわたる籠居荒行を成就。

ブログ「歳星日記～ ex oriente lux」　http://blog.goo.ne.jp/hisaakira

風水と住まいの精霊開運法

私の風水は住まいの精霊さんからのメッセージ

2016年4月7日　初版発行

著　者——塩田久佳

編集・DTP——来馬里美

発行者——今井博央希

発行所——株式会社太玄社

TEL 03-6427-9268　FAX 03-6450-5978

E-mail info@taigensha.com　HP:http://www.taigensha.com

発行所——株式会社ナチュラルスピリット

〒107-0062 東京都港区南青山 5-1-10　南青山第一マンションズ 602

TEL 03-6450-5938　FAX 03-6450-5978

印刷所——中央精版印刷株式会社

ISBN978-4-906724-23-9 C0011